保育、こんなときどうする？

清水 玲子 著
＋保育実践研究会

ちいさいなかま社

はじめに

保育園で働く方たち、お母さん、お父さんたち、本当にお疲れさまです。
思うようにならないことがたくさんあって、どんなに大変でも、今、目の前にいる子どもたちのためにと、日々自分に気合を入れてがんばっているみなさんと、ぜひ読み合いたいとこの本をつくりました。

現実はあまりにも厳しくて、とてもがんばれないと思うときもあるでしょう。でも、おとなを信じて身も心も委ねてくる子どもたちを目の前にして、ときにはその信頼に支えられて、放り出さずによりよい保育を求め続けるみなさんと、この本を通してつながりたい。一人ではないと伝えたいと思っています。

本書は、二〇一八年四月から二〇二三年三月までの五年間にわたり、『ちいさいなかま』に連載された「保育、こんなときどうする？　どう考える？」がもとになっています。
連載は、保育園の先生たちが保育のなかで悩んだり、わからなかったり、考えが分かれたりしている場面に着目して、そのことをどんな視点で考えていったらよいかを読者に投げかけ、みんなで考えていくきっかけをつくろうということで始まりました。連載タイトルにある、「こんなとき」というのが、そうした場面を表しています。

「こんなとき」というテーマの一つひとつは具体的なことであり、保育現場で毎日子どもと関わっている先生たちにとっては、よく見られる場面です。しかもその多くは、保育に対する対応がその職場ではほぼ決まっていたり、それに疑問をもたずに保育がされていることのある場面です。でも、本当にそれでいいの？　子どもにとってどうなんだろう？　と、一度疑問をもち始めると、みんなで考えてみたい、話しあってみたいと思うことが、保育園の先生たちには山ほどあるのではないでしょうか。

そうした思いを背景にして、この連載と同時にスタートしたのが、私たち「保育実践研究会」です。

保育実践研究会の事務局の六人は、テーマを考え、「そのテーマで話すので、だれでも来てください」と呼びかけて研究会を実施し、その記録を起こしたものを読みながら、事務局でさらに話しあいをし、その話しあいの録音をまた記録に起こして、それらを読みながら、最後は書き手としての清水が原稿を書くという手間ひまのかかる方法で、「保育、こんなときどうする？　どう考える？」の連載を書いてきました。

この方法を徹底することによって、私たちは、その日だけの参加者や短いレポートをくださった方も含めて、そのテーマが日々の保育のなかにどんな姿で現れていて、先生や子どもたちにどんな影響をもたらしているのか、できるだけ今の保育の場の実際を知り、現場とともに考えたいと思ったのです。

自分たちで考え、検討してみても、やっぱり結論のでないこともたくさんあるでしょう。かえって悩みが深くなってしまうこともあるかもしれません。でも、まわりの言うとおりに保育するとか、なんとなく保育するのではなく、自分で考え、悩み、さらに、自分たちで話しあい、子どもを見つめなおしながら、自分の保育として大切なことを選び取っていくことを、現場のみなさんと考え続けたいというのが私たちの願いです。

そして、研究会を事務局六人で振り返りながら、もう一度考え合うことを通して、今の保育、今の社会にある構造的な大変さのなかで、必死に子どもにとって大事なことを見出そうと日々奮闘している保育園の先生たちの姿が見えてきて、そこから離れず、どこまでも一緒に課題解決を模索していきたいと、毎回、思いを新たにすることになりました。

このスタイルは、五年間の「保育、こんなときどうする？　どう考える？」連載後も、研究会に関わりのある方たちに読んでもらおうと、通信『今をたしかめ、未来へ』の創刊へとつながりました。そして、七年目の今、『ちいさいなかま』への連載が復活しています。

本書は、こうして何人もの悩みや思い、考察をぐって原稿化されるという手法で書かれています。書き手は、みんなの中での役割として書いているので、一人で書いているのではありません。これは、一人では気づけなかったかもしれない課題を見出したり、そこからさらに掘り下げたい問題を発見したりしていくプロセスそのものを、文章として読んでいただくということかもしれません。

保育に関わっていらっしゃるみなさんが、どうか、自分のなかのもやもやに火をつけて、仲間で考えていく材料として本書を使っていただけたら幸いです。そして、そこでの話をぜひ保育実践研究会までお寄せください。いつでも、どなたの声でも、私たちは聞きたいし、一緒に考え合いたいと思っています。

二〇二四年五月

保育実践研究会　清水玲子

もくじ

第2章

子どもの思いに共感するって？

第1章

子どもの本当の思いはどこにある？

目の前の子どもから出発する

「○○先生じゃなきゃいや！」と言われたとき

こだわる子どもが悩みになる？

四月は、持ち上がりの先生を求め、新しい担任には見向きもしない（やってあげようと近づくと嫌がる）子がたくさんいますよね。とくに、一歳、二歳児クラスでは、持ち上がりの先生が次々と頼ってくる子どもたちと関わっててんてこ舞いなのに、新しい担任の先生は手が出せないといったこともよく見られます。先生たちは、こうした子どもの姿を承知していて、人見知りで泣かれても、自分には嫌がるのに別の先生には素直に世話を受け入れるということに出合っても、「そうだよね、不安なのわかる、わかる。でも、今あの先生は手一杯なの。私でがまんしてくれる？　それとも待ってる？」と子どもを尊重し、やさしい態度で関わっていますよね。そうしたおとなたちの眼差しのなかで、子どもたちは次第に安心できる人や場所を確かなものにしていけるのでしょう。

　でも、もう慣れた頃かなと思われる時期や、四歳、五歳と年齢が大きい場合、そろそろこだわりを卒業してもらわないと困る、という空気がおとなたちの間に生まれてくることがあるのではないでしょうか。

S先生に一途なRちゃん

　四月、ある一歳児クラスでRちゃんが、三人の担任のうち、いちばん若いS先生にこだわりを見せていました。よくあることだし、おむつ替えや着替えもS先生でないと拒否するので、ほかの先生たちは、「いいよ、いいよ。たっぷり受けとめてもらえばそのうち卒業していくから」と、ちょっと不安そうなS先生を励ましていました。そのおかげでRちゃんは、いつもS先生に抱っこしてもらい、ご飯もおむつ替えも、いつもS先生にしてもらっていました。ほかにもこだわりを見せる子どもが何人かいて、可能なかぎりそれらを実現してあげ、四月の末ごろには、クラスはずいぶんと落ち着いてきました。

　ところが、RちゃんのS先生へのこだわりは激しくなるばかり。五月になっても六月になっても収まりません。家庭でRちゃんが不安になる要素があるのかしら？　などとも話しあいましたが、お母さんやお父さんにも思いあたることがありません。それでも、同じクラスの担任の先生たちに「求めていることは事実なのだから、受けとめてあげよう。ほかの子のことは私たちが引き受けるから、S先生はRちゃんをたっぷり甘えさせてあげて」と言われ、S先生はほかの先生に悪いなと思いながら、毎日Rちゃんを抱っこしていましたが、いつこれが終わるのかなと次第に気が重くなっていきました。

七月に入ってもこうした姿が変わらないので、職員会議で相談してみました。S先生は、「自分の関わり方がじょうずでないから、いつまでもRちゃんがこだわりから抜けられないのではないか、本当にこのままでよいのか」という不安な気持ちを話しました。一度抱っこしてしまうとずっと降りないので、いつのタイミングで降ろせばよいのか、ということにも悩んでいるということでした。

これを聞いていたある先生が、「S先生は、Rちゃんを抱っこしているとき、ほかの子のことも見なくちゃと思っているのではないかしら」と言いました。Rちゃんから見ると、大好きなS先生は求めれば抱っこしてくれるけれど、一方で、ほかの子のことを気にしたり、Rちゃんをもっとあそばせなくてはとあせっていつ降ろそうかと考えてしまい、Rちゃんを本当には受け入れることができていないのではないか、だから、Rちゃんは抱っこをずっとしてもらっても安心しきれず、満足できないのではないか、というのです。

そういえば、二歳児クラスで月齢も高く、体の大きな子が「抱っこ」と言ってきたとき、抱っこはしても、大きいんだからそろそろもういいかな、みたいな気持ちになりやすいよね、という話もでました。求めてきたその子を、そうしてほしいのなら存分に甘えてね、と心から思えるかどうかも、Rちゃんが抱っこに執着する要因の一つかもしれないと、その場にいたみんなで気づくことができました。

さらに、抱っこをする場面は、たいていRちゃんが何かでくずれて泣きながらS先生を求めることが多いため、S先生は泣いてぐずっているRちゃんと二人で取り残された感じになり、S先生の気持ちの負担になっているのかもしれないということも出されました。また、Rちゃんが楽しくあそんでいるとき、S先生は今のうちに別の子と関わったり、違うことをしておこうとRちゃんから離れることが多いので、機嫌がよくてあそびたいときのRちゃんともっとあそんでみたらどうかしら？　楽しいことを共有することで、Rちゃんだけでなく S先生も気持ちが楽になるのではないかな、などが話しあわれました。

その後、劇的には変わりませんでしたが、RちゃんもS先生も明るくなり、Rちゃんが楽しく友だちとあそんでいるとき、S先生も一緒にあそぶことが増え、激しい執着は少なくなっていきました。

特定の先生に執着してはいけない？

この保育園では、みんなでRちゃんの気持ちもS先生の思いも大事に考えていこうとする姿勢が、先生たちの合意としてありました。けれども、そうした保育園や先生たちばかりではありません。また、これを読んでいらっしゃる方の中にも、このような対応には賛成しきれないと感じている方もあるかと思います。クラスの中で、子どもに指名されるのが怖いという若い先生もいます。こだわりを受け入れると、「甘やかしている」「子どものあそべる力をだめにしている」などと言われてしまうからだそうです。

でも、どうしてそんなに子どもは執着するのでしょう？　一人の先生に子どもの要求が集中してしまうときは、ほかの先生が子どもの言いたいことに耳をきちんと傾けているか、検討してみたい気がします。どの先生も子どもの気持ちを大事に保育しているのなら、子どもの選択をみんなで穏やかに受けとめていけばよいのではないでしょうか。また、四歳、五歳でも、子どもが特定のおとなに執着するときは、どんな子どもの思いがそこにあるのかを本気でわかろうとする必要がありそうです。家庭での変化や、友だち関係など、自分を無条件に受け入れてほしい理由がそこにあるのではないかと思うからです。いずれにしろ、子どもが出しているサインを否定しても誰のためにもならないし、解決は見えてきません。

こだわりも、また楽しい保育園の暮らし

ある園の園庭で四歳の担任のA先生と話していたら、テラスから男の子が先生を呼んでいます。話をして戻ってきた先生に聞くと、今日の給食のとき、膝の上で食べたいという予約の話だったようでした。

五歳児のGちゃんとKちゃんはA先生が大好きで、食事のときは別のグループのKちゃんも自分の部屋からイスを運んできて、A先生の隣に座ります。散歩では三人がA先生の手を取りあい、A先生は両手を上にあげて歩いたこともあるそうです。一時は「やさしすぎる」とも言われ、子どもたちに好かれることが苦しかったけれど、園で子どもたちの状況を話しあい、理解を深めるなかで、子どもたちの執着は激しくなくなってきたし、かわいいなと思えるようになってきたとのことでした。

子どもの姿に、ときには困ったり、その要求は実現できなかったりするけれど、大好きという気持ちがそこでの暮らしのなかでゆったりと肯定されることで、子どもたちだけでなく、おとなたちの安心も育んでいける道なのかもしれないと思います。

抱っこをどう考える？

抱っこについての悩みとは？

抱っこするのに何か悩みがあるの？　と不思議に思う保育者がいる一方で、今この子を抱っこしてよいのかどうか、日々迷いと悩みがあるという人もいるでしょう。多くの保育者は、ゼロ歳児を抱っこすることに迷いはないと思うのですが、子どもが成長してくると、抱っこを求めてきたときに無条件に抱っこするという人と、抱くか抱かないかの判断をして、抱っこをしない場合もあるという人に分かれるようです。

もちろん、今は物理的に無理（ほかの子を抱っこしているとか、食事のワゴンを運んでいるなど）なので抱っこしないことは誰にでもあるとは思いますが、その場合でも抱っこの願いをかなえたいと思っている人と、子どもにいつでもどこでも抱いてもらうわけにはいかないことをわかってもらおうと思っている人とは、子どもへかける言葉や声のトーンも違ってくるでしょう。

保育園の毎日の生活のなかでは、一人を抱っこしたら、ほかの子が要求してきたとき、今抱っこしている子を降ろすか、あとから来た子を待たせるか、無理してがんばって二人とも抱っこするかを選択しなくてはいけないといったことが起こります。また、今抱っこして手をふさいでしまうわけにはいかないし、散歩先でも、ほかの子どもの安全が守れなくなってしまいそうなときは抱っこできないし、さらに、一〇～一五キログラム以上ある体重の子どもを一日に何人も何回も抱くことは、保育者の体への負担も重くなります。そういう意味では、子どもの抱っこの願いは、おとなの状況によって実現できないことも多いかもしれません。子どものためにも保育者をもっと増やすこと、みんなが元気で保育ができるための働く条件を改善しなくてはなりません。

でも、そうした理由だけではなく、すぐ抱っこの要求に応じることに疑問をもっている保育者の方たちもいると思います。抱っこをめぐっておとな同士の意見が違い、子どもが抱っこを求めてきたとき、自分は抱っこしたいけれど、組んでいる先生の顔をうかがってしまうという悩みも聞きます。

ゼロ歳児クラスのある新人の先生は、組んでいる先輩から「たっぷり抱っこしてあげよう」と言われて日々保育をしてきたのですが、その先輩の休みの日に代わりにクラスに入った先生から、「もうその子は十分抱っこしたから、泣いていても降ろしたほうがいい」と言われてびっくりし、同時に、自分の子どもとの関わりを、子どもにあまりよくないと思ってみていた人もいるのだと初めて知ってショックを受けたということです。

また、二歳児クラスの若手のA先生は、子どもの抱っこの求めにはいつも応じてきたのですが、先輩のB先生は、もう二歳児クラスなのだから、自立心を養うためにはなるべく抱っこはしないという方針だったようでした。ある日、いつものように抱っこを要求した子に、B先生が「A先生は今抱っこできません！」と勝手に（!?）断ってしまい、子どもが大泣きして、A先生は間に挟まってとても困ってしまったという話も聞きました。そのA先生は、先輩は本当は自分に、子どもをすぐに抱っこするなと言いたかったのだなと思ったそうです。

抱っこに批判的な意見とは？

では、その考えの違いはなんなのでしょう？　もっとも多く聞くのは、子どもの自立心を育てるのにマイナスになる心配があるということでしょうか。子どもが「抱っこ」と言うとき、おとなに抱いてもらって安心したい、甘えたい気持ちを満たしたいという要求があることは確かでしょうし、要求する相手のおとなを信頼しているということもおそらく確かでしょう。それを満たすことが、子どもの自立心を阻害するということと、どんな関係があるのでしょうか。

甘えたい、おとなの懐で安心したいと思うことは、子どもとしては当然ありうることだと誰もが考えてはいるけれど、いっときそこで安心できたら、自分から抱っこを降りて、どんどんあそびに入っていってほしい、友だちと積極的に関わってあそべるようになってほしいという思いが、抱っこの回数や時間にブレーキをかけることになっているように思います。

たとえば、ゼロ歳児が泣いて両手を出し、抱っこしてという姿を出してきたとき、もちろん抱っこはするのですが、少ししたらいつ降ろそうかと思うようになるのではないでしょうか。いつまでもおとなの腕の中にいて満足するのでなく、自分から降りて友だちとあそんでほしいと考え、みんながあそんでいる姿が見えるように外向きに抱っこしたり、遊具を片手で動かして見せたり、あそびたくなるように働きかけることが大切だと考えているでしょう。でも、降ろそうとすればするほど、子どもは抱っこを満喫できず、安心感や満足感がもてないので、かえってしがみつくことになったりしますよね。

子どもはとことん安心できる向かいあった抱っこがしてほしいのに、自分の意志とは違って、勝手に体の向きを反対にされたら、きっと嫌だろうなと思います。降りるときも自分の意志で降りたいですよね。

なぜか、抱っこをされている姿はあそべていない消極的な姿で、あそんでいる姿は積極的で望ましい姿のように思われがちな気がします。でも、抱っこも自分から望んでいることで、その子の大事な要求、願いです。抱っこは抱っこで、ちゃんとその子の要求に応えてあげることに集中することが必要だし、あそびはあそびで、子どものあそびたい要求をキャッチし、心ゆくまであそびを保障することが大切です。どちらの姿が保育として望ましいとか、子どもの要求として高度であるとかいうことではなく、それぞれを通して子どもの気持ちが育っていることを、私たちおとなはていねいにつかんでいくことが求められているのだと思います。

あの子だけ抱っこは、ずるい

また、多く語られるのが、一人を抱っこしたらほかのみんなも抱っこしてほしくなるけれど、とても全員を一度に抱っこできない。しかし、それでは不公平になってしまうから、抱っこするにしても、少ししたらほかの子に代わることは子どもにわかってもらいたい、嫌だと泣かれても、そこは言い聞かせることが大切という意見です。

求めている抱っこを満足するまでしてもらうことで、子どもは安心するでしょう。ほかの子は、ほかの友だちがそうしてもらっているのを見ていれば、自分が抱っこしてほしいときも、先生が応えてくれると信じられるようになります。そうなると、すぐに自分の要求がかなえられないことがあっても待つことができたり、そのときは無理でも、そうしてもらいたかった自分の思いはわかって気にかけてくれていて、自分の思いを遂げる機会がくると信じられるようになっていくのではないかと思います。

もちろん、言い聞かせて子どもがそのことがすぐにわかるわけではなく、それこそ保育すべてに通じることですが、毎日繰り返し関わっているやりとりのなかで子どもが実感していくことなので、簡単ではないと思いますけれど。

当たり前だけど、抱っこも保育

抱っこを求めてくるとき、ご飯のとき隣に来てほしいというとき、膝に乗ってくるとき、背中にもたれてくるとき……どれをとっても、子どもからの大事な発信ですよね。それは保育園の一日のなかに、大きい年齢の子も含めて、自然にたくさん見られる姿です。そしてそれは、そのおとなや保育園の暮らしへの信頼の証でもあるのではないでしょうか。自然におとなを求めてくる子どもの気持ちに、自然に応えていける暮らし方は、「子どもを主人公に」と考える、私たちの保育のありようの一つとして当たり前に大切にしたいですね。

できるのに「やって！」と言われたとき

やってあげる人、あげない人

子どもが着替えなどを、「やって～」と先生に言ってきたとき、その子がまだ自分でできないのであれば、誰でも自然にやってあげるでしょう。でも、その子が本当は自分でできる子だったとき、「やって」と頼まれた先生の対応は、人によって違ってくるのではないでしょうか。

ずいぶん前のことですが、保育士四年目のA先生が、ベテランの先生二人と二歳児クラスの担任をしていました。お昼寝から起きたとき、いつもA先生のところに着替えを持ってきて「やって！」と言う女の子がいました。その子はなんでもよくできて、もちろん着替えもできるのですが、寝起きには必ずA先生のところに来て「やって！」と言うのです。

A先生はいつも、「いいよ」と言って着替えをやってあげていました。ほかの先生たちは、それについて何も言わなかったので、A先生はとくに疑問ももたなかったそうです。当時、どう考えていたのかをA先生に聞いてみると、「その子は自分でできるのだから、着替えさせてあげたからといってできなくなることはない。だったらその子の気持ちをくんで、やってあげてもいいのではないかと考えていた」ということでした。

「やってあげる」という別の保育士の方は、自分でできるようになると、子どもはできることがうれしくて、自分で進んでやることが多い。なのに、できるのに「やって」ということは、甘えたい、自分のことを見てほしいなど、おとなへのアピールがあるのではないか。だから、せっかく出したその子の気持ちにしっかり応えてやってあげながら、この子の思いはどこにあるのかを知っていこうとすることが大切なのではないか、という意見でした。

一方、「やってあげないほうがよい」と考えている人は、できるようになったことは自分でやれるほうが、その子が自立していくうえで望ましいこと、子どもの気持ちを受け入れてやってあげてしまうと、その自立が妨げられると考えているようです。

「できるのにやってあげていると、着替える能力が落ちてできなくなってしまう」と考える人はあまりいないと思いますが、「できることを自分でやらずに、他人に頼る気持ちを育ててしまうのではないか」と、やってあげることをちゅうちょする人は多いようです。

おとなの考えが一致していないと……

はじめのA先生の事例ですが、あるときA先生のクラスに実習生が入りました。何人もの子どもたちが実習生に着替えなどを「やって～」と要求し、実習生があたふたとそれに応えてやってあげていました。その姿を見ながら、ベテランの先生二人が「あんなにやってあげなくてもいいのにね、みんな自分でできるんだから」と話しているのを、たまたまA先生は聞いてしまいます。

A先生は、これまで気がつかなかったけれど、自分のことも先輩たちはそう見ていたのではないかとショックを受けます。そして、いつものように昼寝から起きて、その子がA先生のところに「やって！」と来たとき、A先生は「〇〇ちゃんは本当は自分でできるんだよね。先生が手伝ってあげるから、自分でやってみようか」と対応したのです。驚いたのはその子です。これまで、一度も断らずにやってくれたA先生が、なぜ、今日、突然やってくれないのかとびっくりし、大声で泣き出しました。あわてたA先生が、一緒にやろうとか手伝うからなどといくら言っても激しく泣くばかり。見かねたベテランの先生が実習生にお願いして、その子は実習生にやってもらいましたが、振り返ってA先生のことをじっと見ていたそうです。

A先生は、子どもの気持ちがわかっていたのに、まわりの目を気にして、子どもの思いを受け入れられなかった自分を責めました。そのときのその子の自分への眼差しが、どうして私を裏切ったの？　と言っているように思えて忘れられず、悩んだ末にその職場を辞めてしまったのです。先輩の先生にどう思っているのかを直接聞くこともできなかった弱い自分、とも思っていたようでした。数年後、保育の道に戻ったそうなのでホッとしたのですが、まじめなだけに立ち直るのにすごく時間がかかったのだと思います。

ここまでではなくても、「やって」と言われてやってあげたら、先輩の先生から、自立の芽を摘んではだめ、と言われた若い先生や、甘やかさないでください、と同僚から注意されたベテランの先生もいます。さらに、この子は下に赤ちゃんが生まれたから甘えたいんだよねと、その背景がわかるので、しかたがないからやってあげるけど、そうそうすべては受け入れられないのよ、とやってあげるのを小出しにする（？）ケースもあります。この問題は、おとな同士がどう子どもをわかりあっていくかという問題なのですね。

「やって」は、子どもの甘え？

子どもが「やって」と言うのは、甘えたい気持ちの表れだと、多くの保育者がわかっているようです。その原因については、親が大変で子どもの気持ちにまで気がまわらないとか、友だちとあそべていないなど、思いあたるときと、わからないときがありますね。わからないときに、あの子は甘やかされているから、と言われることもあるかもしれません。

そうした子どもの気持ちに共感できるかは、人によってだいぶ違ってくるように思います。おとなにとってはしかたのないことや、よくあることであっても、その子の気持ちになってみたら、納得がいかないことはたくさんあるでしょう。それでも、大好きなおとなたちの期待になんとか応えようと、子どもはがんばっているのだと思うのです。その姿を見て、子どもはけっこう大丈夫とおとなが安心してしまっては、子どもはその不安な気持ちのもっていき場がありません。そんなとき、子どもはわかってくれそうなおとなを見つけて、SOSを発信してみているのかもしれません。それが、甘えを出すことであり、できるのに「やって」と言うことだったりするのではないでしょうか。

自立にマイナスになる?

自立というのは、なんでも一人でできるようになっていくということではなく、自分のことを自分で選んで決めていける(判断に迷ったら、信頼するまわりの人たちと相談したりもできる)ように育っていくことなのではないでしょうか。甘えたい気持ちを素直に出せ、受け入れてもらえることの積み重ねが、出来事に正直な気持ちで向きあい、自分で選んでいける頼もしい人間を育てるように思えます。

「やって」と言われたとき、「自分で!」と突き放すだけでなく、「しかたがない」とさっさとやってあげるのも、子どもがわかってもらえたと感じられないように思います。着替えはやってもらったけど、自分のことを否定的に見ていると感じると、子どもは認められている安心感がもてません。

ベテランのＹ先生は、三歳、四歳、五歳と持ち上がるなかで、子どもたちの「やって」を最大限受けとめてきたようですが、「やって！」が激しく、何かやるときには必ず「やだ、やらない」ということの多かったＲくんが、年長の竹馬の練習を自分からとても熱心に取りくみ、運動会でやりとげたとき、会議で、「Ｒくんを甘やかしてきたかいがありました」と言って、苦笑いされたということでした。しっかり者だったりする五、六歳の子にとっては、甘えを素直に出すのはすごく勇気がいるのかもしれないと、Ｙ先生はしみじみ話していました。Ｙ先生のように、子どもが安心して思いを出せるおとながたくさんいてほしいと心から思います。

子どもの「やって」は、おとなへの期待のサイン！　その子と向きあい、その子を理解するチャンスだと思います。十分に応えられないときがあっても、それらをわかっていこうとするおとながいることが、子どもにとっても、そしておとな同士にとっても大切なことなのではないでしょうか。

子どもが「やりたくない」と言ったとき

「やりたくない」を、どうしてる？

保育園で何かをするとき、子どもが「やりたくない」とか「やだ！」と言うことって、毎日たくさんありますよね。みなさんに質問すると、まず返ってくるのが行事のことでした。たとえば運動会。どんなスタイルで行うのか、どんな種目を選ぶかによっても違ってきますが、何に決めても、やりたくないという子が出てくることがあるのではないでしょうか。どうしてやりたくないの？　と聞いても、素直に説明してくれないことも多いため、そのうち何かのきっかけでやるようになるとチャンスを待ちながら、全体は練習していくということが多いようです。「やりたくない」と言っている子も、日によって入ってくる場合と、どのように誘ってもどんなときでもやらない場合とがあるようですね。

三、四、五歳になると、どんなことやりたい？　と子どもたちに聞いて、一緒に考えて決める園も出てきますよね。それでも、おとなのイメージによって、子どもの意見が取り入れられるかどうかはだいぶ違ってきます。年長クラスだと、おとなの意図を読んで、提案する子どもたちも出てきます。

そういう話をしていたら、ある先生が、うちでは反対に、劇の発表会のとき積極的に練習に参加して楽しそうにアイデアも出していた子が、本番では石のように固まってしまい、座っている席から立つこともできなくなって、とうとう舞台に上がれなかったという姿を話してくれました。その子のお母さんから、どうして先生はうちの子ができるようにサポートしてくれなかったのかと問われ、子どももお母さんに叱られて泣いてしまい、なんと答えてよいかわからなかったとのことでした。その子にとっては、本番は練習とはまったく違って、とてつもなく緊張することだったのかもしれません。

「やりたくない」の中身は？

子どもが、やりたくないというとき、おとなはその理由を知りたくなります。それは、そのことが嫌な場合もあるし、ほかのことがやりたいからということもあるでしょう。また、そのこととは直接関係ないけれど、気持ちがそこに向かわないこともあるかもしれませんし、自分を見て！　という先生へのアピールかもしれません。いずれにしろ子どもの何かの気持ちの表れであることは確かですが、本人にもうまく説明できなかったり、よくないことを責められているかのように、どうしてなのかを聞かれたくなかったりで、そのとき理由を聞いても説明してもらえないことのほうが多いかと思います。

ある四歳児クラスに「お散歩行くよ」と言うと、ほとんど決まって「行きたくない」と言う子がいたのだそうです。担任の先生は、こういうときに突き詰めてもあまり理由は言わないだろうと考えて、園庭にいる五歳児クラスの先生にお願いして、散歩に出かけていたそうです。帰ってきて「ただいま」と言うと、「おかえり」と、作ったケーキなどを見せてくれて満足そうなようすで、それが一か月くらい続いたあと、いつのまにか散歩に一緒に行くことが多くなっていったといいます。あとになって行かなかった理由を聞いてみると、「だってさ、いっぱい歩いて疲れる。ちょっとあそんでまたいっぱい歩いて帰ってくるじゃん」と言われて、なるほどと思ったそうです。

この事例では、散歩が子どもたちにとって楽しいものになっていたかということや、一日のなかで、たっぷり自分のそのときやりたいあそびができているのかということなど、保育としても考えることがたくさん出てきますね。でも、いつのまにかみんなと散歩に行くようになったということは、そんな自分を受け入れてもらって園庭でのあそびを満喫できたことや、選ぶことが認められているなかで、友だちと行く散歩が楽しいと思えたことなどが関係しているのかなと思います。

そして、おとなが子どもの「行きたくない」という声を受け入れ、園庭にいる他クラスの先生に託せるという、自然に連携できる素地があったということが重要ですね。

「やりたくない」は、「やりたい」なの？

ちょっと難しい課題を前にしたとき、「やりたくない」と言う子がときどきいますね。三歳以上の子の場合、先生たちからは、本当はやりたいけれど自分にはできないと思っていて、自信がないから、「やりたくない」と言っていることが多い、という声が出てきます。たしかにそういうことも多いかもしれません。でも、そうでない場合もあるのです。

だいぶ前ですが、年長の担任の先生から聞いたある男の子のことを思いだします。その子はみんながかんばって練習して竹馬に乗れるようになるなか、やりたくないの一点張りでした。まわりの先生たちから、本当はできるようになりたいはずだと担任は励まされ、いろいろくふうして誘ってみますが、うまくいきません。園長先生に相談し、二人だけで散歩に出かけて公園でおやつを食べながら、本当の気持ちを聞き出そうと、内緒で練習を手伝ってもいいよと話したそうですが、その子は、本当にやりたくないのだと言い、やりたくなったらそのときに練習するから……と、ふつうに答えたのだそうです。

運動会当日、その子はほかの種目はやったけれど竹馬はやりませんでした。でも、運動会のあとも友だちとたっぷりあそんで卒園していったそうです。彼の本心はわかりませんが、おとなたちが、本当はやりたいはずだと決めてしまうのもどうかなと思うような事例でした。

たとえ本当はやりたい気持ちがあっても、その葛藤も、本人の大切な心のありようの一つなのです。今、挑戦するのかしないのかは本人が決めていくことで、挑戦するのはよいことで挑戦しないのは意気地がない、などというように、まわりが勝手な評価をしないことを肝に銘じておきたいと思います。

「違うことがしたい」をかなえる保育を！

学習会の話しあいで、日々の保育園の生活では、やるべきことを次々とすませられることがよい保育だと思われがちだけれど、それでよいのかということがいくつも出されました。

たとえば外に行くときに、その子が行きたいか、行きたくないかとか、今、描きかけのこの絵を描いてからとか、自分でちゃんと考える暇もなく行動するようになってしまいがちだといいます。そのほうがスムーズにいくのでしょうが、本当に子どもが暮らしの主人公になっているのかといったら、そうではないと思うということです。

そんなこと言ったって、理想論だよ、人手もないんだし……と思われる方がたくさんいらっしゃるかと思います。でも、ある園の先生が、こんなことを話してくれました。

年長クラスで、給食前に園庭であそんでいた男の子たち数人が、呼んでも入ってこない。「先に食べてるよ」とみんなは先に食べ始めたのですが、その日はよほど夢中になることがあったようで、五〇分もあとから入ってきたんだそうです。給食の先生には謝りましたが、園全体が可能なかぎり、そうしたことも認めようという園だったので、子どもたちは満足していい顔でご飯を食べた、ということでした。

つまり、五〇分がどうなのかではなく、おとなのつくった日課などに従って、子どもたちが気持ちを問われない暮らしをつくってしまうのか、おとなの計画を見直すことも含めて子どもの気持ちを大切に考えるのかは、やはりおとなたちにかかっているということだと思うのです。おとなの思うとおりに一日を過ごすことが保育なのではなく、その時々の子どもの気持ちを感じとり、そうした子どもたちをわかろうとし、子どもの出すサインにきちんとつきあい、できたり、できなかったりしながらも、子どもと思いを交わすことが保育ではないでしょうか。

もしかしたら、言えていないかもしれない「やりたくない」に、保育の価値を見出せるおとなになれるかどうかが、今、問われているのかもしれません。

「だって」を考える

子どもの「だって」に、おとなの対応

子どもに「だって……」と言われたことがありますか？　子どもがおとなに「だって」と言うときは、たいていその子が何か注意されたり、叱ったりされたけれど、子どもがそれに納得していない場合、また、おとなが自分のことをわかってくれていないと思ったときかと思います。子ども同士でも、ほかの子から文句を言われたとき、反論の言葉として出てくるのではないかと思います。

たとえば、友だちを叩いてしまい、そのことを注意されたとき、その友だちが先に叩いてきたのだとか、すごくいやなことを言ったのだとか、おもちゃをとろうとしたからとか、叩いていたのは事実だけれど、自分にも言い分があり、なんらかの正当な理由があると言

いたいときに、「だって」が出てくるでしょう。または、「○○ちゃん、片づけてね」と言うと、いつも「だって、別の子も使っていた」とか、「自分は使ってない」とか、「まだ、あとで使う」とか、すぐに片づけない理由を言って、片づけようとしない子もいるかもしれません。さらに、「だって、みんなやっていたから」、あるいは「だって、△△さんもやっていた」と、やっていたことの非は認めながらも、自分だけではないのに、自分だけが注意されることの不当性を訴えるときにも、「だって」は、おとなでもつい使ってしまいますね。

これらの子どもの「だって」に対して、おとなはどんなふうに対応しているでしょうか。勉強会の中では、おとなが子どもの「だって」を聞いてあげないときはどんなときかが話題になりました。まず、危ないときに注意し、その説明をしているのに「だって」と言われたり、注意しても次々とやられるとイライラすることがあるということが出ました。たくさんの子の声を一度に聞いてあげられない、忙しいと無理という切実な声もありました。

また、前述したような「だって、誰々がいじわるしたから」や「みんなやっているから」といった場合、自分の非を他人のせいにする言い訳に聞こえて、「だって」という言葉そのものが認められなくなり、「だってじゃありません！」と言ってしまうこともあるということです。これは、「だって……」を言い始めたとたんに、おとながそれを封じてしまうように言うことが多く、必ずしもこの言葉がよいと思っているわけではないけれど言ってしまうようでした。叱っているときには、昔よく使われていたように、口答えをするのはよくないこと、といった空気も残っているのかもしれません。

ある園の五歳児に、友だちや年下の子と関わっていてよく手がでる子がいるのですが、相手の子が泣くたびにおとなが、「また○○！　泣かしたね！」と叱るので、その子は逃げて行ってしまうという日々だそうです。その子に「だって」を言わせない対応にどうしてもなりがちで、子どもも聞いてもらえないと思っているので、おとなが言う前に「むこうに行ってあそぼう」と行ってしまい、それが繰り返されているといいます。そのことを話してくれた先生は、「おとなたちが、あの子はすぐ手が出て、乱暴で……と思ってしまっていることが問題だと思うけれど、なかなか改善できない」と悩んでいました。

子どもが「だって」と意見表明をして聞いてもらうのも、なかなか大変なのですね。

「だって」と言わない子って？

ある先生が、四歳のAくんの話をしてくれました。Aくんは自分の要求がかなわないと、友だちでも保育者でも、殴る、蹴る、ひっかく、つねる、突き飛ばすといった具合で、先日も友だちが何針か縫うケガをしてしまいました。そうなってしまうきっかけは、好きな担任がすぐにお昼寝のトントンに来てくれなかったとか、自分の読んでほしい紙芝居を読んでくれなかったなど、一日のうちに山ほどあるのです。担任の先生も、Aくんの思いに寄り添おうとがんばっているのですが、無理なことも多く、日々のトラブルに疲れ切っているといいます。

話しあううちに、Aくんは「だって」と言っているのだろうか？　という話になり、その先生は、Aくんが「だってさ」とあまり言わないことに気がつきます。そういうとき、Aくんは床をどんどんと拳で叩いたりしているというのです。Aくんは「だって」と言えずに暴れたり、床を叩いたりして「わかってもらえない気持ち」を表していたのかもしれない、もっと彼のことを深くわかる話しあいをしなくては、と思った先生は、地元の学習会での話しあいを経て、職場にAくんのことを提起しました。

Aくんは、いつもわかってもらえないことを積み重ねてしまっていないか、先生の思いと彼の思いがずれているのではないか、彼とあそびで共感できているかなどを話しあい、「本当はAくんもつらい」ということに先生たちは思いあたるのです。そして、Aくんの本当の思い、願いにたどり着きたいと、必死に先生たちは関わっていきます。そのようすを、この先生は話しあいから一か月くらいして文章にまとめてきてくれました。

そこには、自分も「走り回っていたAくんをなだめて座らせることに成功し、折り紙を夢中で折り始めたので安堵し、ほかの部屋にまわって」いたことを思いだし、「大変なときはこちらから関わるが、落ち着いているときはそーっとしておく、なんてことが私の彼に対する保育にはあったと思う。彼の出すあの激しい姿、現象にとらわれていた。出し方が激しいだけにそこに目がいってしまい、彼の側に立って考えることをすっかり忘れてしまっていた」と書かれています。

そして、彼のもっとあそびたいという気持ちに、散歩では無理でも別のところで応えたり、担任ではないほかの先生が、夕方Aくんと二時間近くもサッカーをするのにつきあったりしたそうです。そのときのAくんの満足そうな表情を見て、職員の話しあいが生きていることを実感しています。そのなかでAくんは、先生の言うことに納得できなかったときに、「どうして?」と言葉で質問してくるようにもなったのです。

子どもから「だって」が出てこないとき、言う必要がないからという場合だけでなく、言いたくても言えない、言ってもわかってもらえない、聞いてもらえない。そうあきらめて言わなくなってしまっていることもあるかもしれないと、みんなと確認したのでした。

「だって」を、どう見るのか

子どもが友だちと言いあったりするとき、あまり自分の意見を言えないと思われる子には、もっと意見を言っていいんだよ、と励ましたりしているかと思います。でも、おとなの指示や行動提起に異を唱える子どもの「だって」を、どう思っているでしょう。とくに、その「だって」が、自分は悪くないとほかのせいにするように思えたとき、自分の意思表示がしっかりできているなあ、とはなかなか思えないのではないでしょうか。

　このことをある先生たちに問いかけてみたら、たとえば「だって○○もやってたもん」と言われたら、そうか、と思って「わかった、○○くんにもお話聞いてみるね」とその気持ちを受け入れ、でも今、あなたからも聞きたいよ、というように対応し、その○○くんにも話を聞くようにしているということでした。でも、そうならないこともあるのでは？と聞くと、言い訳ばっかりして、という声が職場で聞かれることはあるけれど、その子がどう思っているかがわかる貴重な機会なので、どんな内容でもできるだけ聞くようにしたい、という答えでした。

　子どもが「だって」と言うのは、そのとき納得していないからでもありますが、「聞いてもらえる」と望みをもっているからでもあるでしょう。どうせわかってもらえない、「だって」と言ったら叱られると思ったら、何も言わなくなってしまいます。そこにある人間関係が対等で、話ができる状態であれば、理にかなっていようと、理屈としては無理があろうと、堂々と言えるのではないでしょうか。

　子どもが言いたいのは、自分のことをちゃんと尊重してほしい、本当の思いをわかってほしいということなのではないかと思うのです。それこそ理不尽ともいえる「だって」を言ってきたとき、そこに込められたのっぴきならないその子の思いに気づけるかどうか、おとなが試されているような気がします。

「ごめんね」を考える

「ごめんね」を言わせている？

子どもがけんかをして友だちを叩いてしまったとき、または、やってはいけないと言われたことをやってしまったとき、おとなは子どもに「ごめんね」と謝ることを求めることが多いですよね。

ある先生が、「ごめんねが言えるまで外あそびに行ってはだめ、と保育士が子どもに言っているのが聞こえた」と話してくれました。子どもに、いけないことをしたときは「ごめんなさい」と言うことを身に付けさせるためには、そのようなことが必要だと考えている先生がけっこう多いということです。話をしてくれた先生は、子どもが本当に自覚することにはならないのではないかと思うけれど、なかなか話しあえない……と言っていました。

ずいぶん前のことですが、三歳児の二人がおもちゃを使うのにじゃんけんをして、どちらも自分が勝ったといってけんかになった映像を観ました。先生が仲裁に入って話を聞いたのですが、まわりの子たちもよくわからず（三歳児クラスでは、じゃんけんの勝ち負けがわかっていない子も多いのだと思います）、先生は困ってもう一度じゃんけんをして決めようと提案しました。二人とも先生の提案を受け入れてじゃんけんをしたのですが、負けたほうの子が相手を叩いてしまったのです。

叩かれた子は泣き、先生はやさしく「叩いたら痛いからいけないよ、ごめんね言えるかな」と諭します。叩いた子はむすっとして口を真一文字に閉じ、絶対言うものか、といった表情をしています。先生が「じゃ、あとで言う？」と聞いても返事をしません。きっとその子は、さっきは自分が勝ったのに、それはなしになって今度の負けた結果だけが採用されるなんて納得できない、と怒っていたのだと思います。先生は、あとでもいいから「ごめんねしてね」と言って、一緒に靴を履き替えて園庭のあそびに誘っていました。

その後の給食のとき、二人は隣同士で笑いながら楽しそうにご飯を食べていました。園庭であそんでいる間に、小さい声で「ごめんね」を言ったのだそうです。ほっとすると同時に、でも、叩いたほうの子の納得のできなさはどうなったのか、ちょっと気になりました。

また、ある保育園で、子どもが自分の思いを出しきることについて、園内研修をやったことがあります。三歳児クラスと五歳児クラスの子ども同士のけんかの場面をくわしくレポートして、みんなで話しあいました。

仲直りの言葉は「続きはあとで」

三歳児クラスでは午睡のあと、足がぶつかったとかいうことで、女の子同士が激しいけんかをしたようすが出されていました。二年目だった担任の先生は、けんかは止めなくてはと思っていたそうで、ごめんねを言って終わることが基本的な解決だと考えていたといいます。

そのけんかのときは、組んでいる先輩の先生から、どんな結末になるか見守ってみようと言われ、取っ組み合いになったときだけ間に入るようにして見ていたら、二人とも一歩も引かずにらみあい、蹴飛ばした、蹴飛ばしてないと言いあうばかり。見かねた三歳の男の子が間で、「なっかよし〜」とおどけては二人にあっちいって！　と叱られる場面もあり、四歳の女の子がもうやめなよ、と仲裁しても効果なし。どうなることかとその先生は心配になったといいます。

ところが、「おやつ終わっちゃうよ、もう給食室に返しちゃうよ」と別の先生に声をかけられたとたん、「続きはあとで」と二人は言って、急いでおやつを食べに行きました。そして、並んでおやつを食べながらおしゃべりなど始めています。おやつを片づけると、庭であそぼうと二人で園庭に出て行ってしまいました。見ていた先生は、誰がとりなしても絶対許せないといったようすだったのに、ごめんねも何もなく、急におやつを境にけんかがおしまいになったことが不思議で、先輩の先生にすぐ報告したそうです。

先輩の先生が、園庭で仲良くあそぶ二人に「けんかの続きはどうなったの?」と聞きにいったところ、「あとで、っていうのは仲直りしたっていうことなの」と堂々と説明されたということでした。二年目の先生は、ごめんねを言わなくても、また相手に悪いことを言ったとか叩いたとか、どちらが先に手を出したとか、どちらがよりいけないかとか、審判のようにジャッジしなくても、子ども同士が仲直りしてしまうことが驚きだったし、自分のそれまでの考え方とのギャップが大きく、ショックだったということです。

誰も謝らないけれど……

五歳児のけんかは、男の子たち数人でカプラでかまくらのようなものを作っていたとき、一人の肘が当たって組んだカプラの一部が壊れてしまったのが発端だったそうです。

壊す奴は仲間じゃない! 出てけ! と怒る子に、壊してしまった子がわざとじゃないのにと抗議し、取っ組み合いの大げんかになりました。年長の男の子同士のぶつかり合いはまわりも手が出せないほど激しく、先生が割って入ると、「先生は関係ない! あっちに行ってて」と言われてしまいます。「じゃあ、ちゃんと話しあいをして結果を報告してね」と先生も引き下がり、離れて見守っていました。しばらくすると、話しあいがついたと子どもたちが報告に来たのですが、出した結論は、これからオセロをやって負けたほうが謝るといった、誇り高く本気でぶつかっていたようすからはほど遠い結論に、先生はびっくりしたといいます。そして本当にオセロをやってひと勝負終わったら、誰も謝らず、もうひと勝負しようとなっていき、けんかは終わっていました。

このとき、先生たちと話しあったことは、子どもたちのなかでは、「ごめんね」という言葉が、納得することに必ずしも必要というわけではないのではないか、思いきり自分の思いを出して存分にぶつかり合えたことが大切だったのではないか、ということだったかと思います。

「ごめんね」に込められた願い

若い先生たちとの話しあいのなかで、友だちに何か嫌なこと、困ることをしてしまったとき、ごめんねをすることを自然に伝えているつもりだけれど、二歳児が、何かのきっかけで泣きだした一歳児に必死にごめんねを言い続けていて、一歳児は、しつこくごめんねを言い続けてくるのでよけいに嫌がって泣いてしまう、といった姿があったことが出されました。

トラブルの決着はごめんねだと思っているおとなの意図を理解して行動しようとがんばる子どもたちのなかには、ごめんねを言った、言わないというトラブルもあり、当事者でもないのに、○○ちゃんはごめんねを言ってないと指摘する子もいるといいます。さらに、「ごめんね」と言ったのに、「いいよ」と言ってくれない！　というトラブルもよくあるようです。どれも、形として謝罪するという決着のつけ方を、子どもに知らず知らずに求めてしまっている結果かと思います。

では、私たちは、どんなごめんねを願っているのでしょう。改めて考えてみれば、子どもたちに、誰かに対して嫌なことや傷つけることをしてしまったとき、それを自覚し、相手がそれで嫌な思い、つらい思いをしたであろうことに対して思いをはせ、自分が悪かったと本当に思い、心からすまない、申し訳ないと感じること、そして、それを相手に伝えたいと思うこと……そんな気持ちが育ってほしいと願っているのではないでしょうか。そうしたときに出てくる言葉としての「ごめんね」は、お互いのなかで大きく揺れた気持ちを思いあい、さらに結びつきが強まる糧になるだろうと思います。それは、違う言葉でも、または言葉でなくても、伝わればよいのではないでしょうか。

そして、それは深ければ深いほど、簡単に言えなかったり、言われてもすぐには許せなかったりといった、人の心のなかをくぐっていくことが必要とされ、痛みも含めてていねいにかみしめていくことが、心が育つということなのではないかと思うのです。

ちょっとした勘違いや、気がつかないで相手に失礼（？）があったときは、悪気はなかったという合図としてごめんねは有効かもしれませんね。

「うるせー、死ねー、あっちいけー」と言われたとき

レポートから見た子どもとおとなの姿

子どもたちは、ときにおとながドキッとするような言葉を発します。「うるせー、死ねー、あっちいけー」。さらに「だいっきらい！」「一生あそばない」「ばか」などと言われると、おとなでも思わずムッとする人もいるかもしれません。

Ｐ先生は、四月に五歳児の担任になったばかりの頃、ある子に「おまえ、頭悪いな、ばか」と言われ続けていたといいます。対応に悩みつつも、その子と一生懸命あそんでいたら、その子はよくあそぶようになって、まったくそんな言葉は聞かれなくなったそうです。

そのレポートを少しだけ引用します。

二か月ぶりくらいに「おまえばかだな」と言われ、久し振りだなあと思いながら「ばかじゃないし」って言ったらすっごい笑って、「ばかだな」と返してくれました。（中略）彼が話しているときに違う子が来て、ちょっとその子の話を聞いちゃったら「あーもう話聞いてないならいいです」って保育士みたいなこと言うから「ごめんごめん、もう一回!!」って言っても、「もう一回しか話さないので話しません」って怒られました……。結局教えてくれたけれども……。

そしてこのレポートには、「四月のときの彼の目には、何も映っていなかったけど、今の彼の目にはちゃんと私が映ってます」と結ばれていました。

以前、なかなか穏やかになれない子をどうわかっていったらよいか悩んでいたP先生だったので、三か月の努力の証がこのレポートにあるように感じ、やったね、P先生！気持ちが通じあえるようになったのね、とうれしくなりました。

ほかのレポートの中に、以前受けもった年長の子で、自分の意見と違うことを言う友だちや先生に、「ばかやろう、ぶっ殺してやる！」と言って、手も出してしまう子の話を書いてくれた先生がいました。その子について先生たちは、家庭でも頭ごなしに怒られることが多く、認められていると本人が感じられていないのではないかと考え、お母さんとも話をしたり、本人ともほかの表現のしかたを一緒に考えたりしたのだそうです。

でも、その子はかっとなると言葉も行動も注意されるようなことばかりやってしまい、同じ年齢の友だちも離れてしまい、とうとうそのまま卒園していったそうです。どうすることもできなかった反省が残ったと、レポートには書かれていました。

言葉に対する二つの視点

いくつものレポートを読んでいくと、大きく二つの視点に分かれているように思います。

一つは、言葉についてのこだわりです。「あっちいけ」とか「うるさい！」とか「きらい」といった言葉は、言われた相手が嫌な気持ちになることを考えて、使うのはやめようと子どもに伝えるという対応になります。荒々しい言葉は、どんなふうに言い換えたらよいかを子どもと話しているという話もありました。また、「死ね」とか「ぶっ殺す」といった言葉を友だちに言ったときには、それがどんなに相手を傷つける言葉であるかを考えさせ、絶対に使ってはいけないと厳しく注意するという方もいました。

もう一つの視点は、言葉そのものへの対応ではなく、そのときの子どもの気持ちをわかろうとしていく姿勢です。そうした言葉を叫ぶ子どもたちが、自分が認められていないと感じ、認めてほしい、いつも見ていてほしいという気持ちを荒々しい言葉や態度で表しているのだととらえ、子どもに、あなたを認めている、あなたを大事に思っていると伝える関わりを続けていく対応です。

先に述べたP先生は、「おまえ、頭悪いな、ばか」を、子どもがもっと自分に向きあってほしいという自分へのサインだととらえ、「一生懸命」あそんでいくことで、その子と気持ちが通じあうようになったことを、二か月ぶりのその子とのやりとりのなかで確信できたのだと思います。

また、子どもと気持ちが通いあわないまま（その子はおとなに叱られ続け、ほかの子どもたちとも仲よくできず）卒園していったケースは、読んでいて胸が痛くなる思いですが、この先生も無念な思いを込めて書いてくれたのだと思います。その子の自分を認めてほしいという思いが、そういう表現になっているのだとせっかくわかりながら、どうにもできなかったというケースです。

くわしいことがわからないので見当はずれかもしれませんが、これは、そこで使われる言葉におとなのほうがこだわり、保護者の方にもその子にも、そのような言葉を使うことは間違っていることを教えていこうとしたことで、子どもは（もしかしたら保護者も）、自分は否定されてばかりで、自分の思いがわかってもらえるとは思えなかったのではないかと思うのです。先生が、その子の思いをなんとかしていこうと努力しただけに、わかりあえないのは切ないですね。

「うるせー、死ねー」と叫ぶ子どもに出会ったとき、その子の思いをわかろうとすることに徹してみたいと思います。本気で私たちがそう思ったとき、その子のその叫びはきっと私たちに、背負っているものの大きさを知らせてくれるのではないかと思うのです。

ふわふわ言葉とちくちく言葉

それはそうかもしれないけど、でも、言葉にこだわることも必要ではないかと考える方もいるかもしれません。

小学校低学年の道徳の副読本や指導案に、「ふわふわ言葉とちくちく言葉」という事例があります。レポートに教えられてインターネットで検索したところ、三万件以上がヒットし、保育園の四、五歳児クラスや小学校の全学年、中学校でも授業に使われているようでした。

一年生のある指導案に使われている資料には、一人の子が、うなだれて泣いている子に「あっちいけよ」と怒った顔で言っているのを、別の子が「あっ、それ　ちくちく言葉」と指さす絵があります。さらにその横に「ふわふわちゃん」の絵があり、「ふわふわちゃんが、いっぱいになったら　いいね」と絵の下に書いてあります。

これらの展開には、「言われたときの気持ち」は強調されていますが、「言うときの気持ち」はあまり取りあげられていません。怒った気持ちでちくちく言葉を使いたくなった場合の扱いは、それをポジティブな言い方に変えてみようという提案ばかりです。そうした言葉を言いたくなったその子どもの思いに、本気で向きあっているとは到底思えません。

友だちの気持ちをわかっていこうとする力を育てることが大切だとするならば、その言葉の表面だけをキャッチして、よくない言葉だと指摘することでは、「ふわふわ言葉」は飛び交っても、本音を出しあい、ときにはぶつかることも経験しながら、本当に人とわかりあっていく喜びは味わえないでしょう。人との信頼関係はこれではきずけません。

「ふわふわ」も「ちくちく」も、子どもの本当の気持ちで語ってこそ、意味のある言葉になるのではないでしょうか。さらに、やさしそうな言葉でもトゲがあったり、ひどい言葉でもめちゃくちゃあったかいこともあるのを私たちは知っています。マニュアルでは語れない世界が、人との関わりにはあるのですね。

それは、わかってほしいという叫び

ベテランのW先生が、昔、担任していたJちゃんのことをレポートに書いてくれました。

Jちゃんは甘えるのが苦手で、「ねばならない」意識が強い子でした。おとなが声をかけると「うるせー」「あっちいけー」と走って部屋を出てしまうことも多かったそうです。

五歳のある日、食事前にトラブルがあり、園庭に出ていってしまっていたJちゃんを呼びにいくと、「うっせー」と言いながら部屋に入ってきて、とつぜんエプロンをして食事を配り、当番を終えるとまた部屋を飛び出していきました。レポートの一部を引用します。

（Jちゃんは）テラスにあったおとなの室内履きを次々に手にして、ゴミ箱に捨てるように投げていました。私はそんなJちゃんのそばにすぐ行くことができず、乳児クラスの保育士（捨てられた上履きの主）が、保育室からそんなJちゃんの姿を目にして、追いかけて行き、「なんでそんなことするの！　戻しなさい！」とJちゃんの両手を持ち、強い口調で迫っています。怒られているJちゃんのところに駆け寄り、Jちゃんに声をかけようとすると「わあーっ」と泣きだし、「さびしいんだよー」と叫んだのです。

W先生は言います。Jちゃんのお母さんが精神的な病気をもっていることや、Jちゃんは場面や見通しがよくわかるので、ますます窮屈な気持ちになる（自分が給食当番をやらなくてはと戻ってきて、当番はやるが気持ちは収まっていない、といったこと）など、Jちゃんの大変さをわかろうと園全体で話していたけれど、徹底できていなかったと。

そして、わかっていたつもりでも、この日の「さびしいんだよー」という叫びを聞いたとき、W先生はJちゃんの孤独やさびしさの深さを改めて実感し、泣くJちゃんをしばらく抱きしめていたということです。W先生は、荒々しい言葉は心の叫びなのだと学んだそうです。

子どもの思いに応えるには？

子どもが自分の思いつくかぎりの悪態を精一杯叫んでいるとき、その叫びに込められた思いを、私たちおとなはもっと本気で学ばなくてはならないのではないかと思います。本当の自分の気持ちをわかってほしいという、まっとうでせっぱつまった願いを、私たちに発信してくれているのですから。

私たちは、子どもがその願いをぶつけるに価しないとあきらめてしまわないうちに、それに応えなくてはなりません。一人では応えきれなくても、お互いのつかんだ姿を率直に出しあえれば、きっと、今どうすればよいか見えてくると思います。

「もう五歳なのに…」、〇〇なのに…を考える

「もう〇〇なのに…」に、子どもは？

保育園の年長さんは、何かというと「もう五歳なのに」「年長なのに」と言われてしまうことがけっこう多いですね。また、「今年の〇歳は、なんだか幼い」といった声もときどき聞かれます。いずれも、本来ならもっと違う姿になっているはずの年齢なのに、それができていない、といったときに使われていると思います。

ある保育園の運動会で、五歳児が鉄棒で自分の得意なものをやろうということで、子どもが自分で技を決めることにしたら、一人の子が「こうもりやります」と言って足抜けまわりをしたのだそうです。その園ではそれは三歳の課題で、鉄棒では四歳で前回り、五歳では逆上がりが取りくむべき課題という暗黙の（？）共通認識があって、園長先生から「あ

れじゃ五歳児らしくない。三歳だよね。あれなら見せないほうがいい」と言われてしまったといいます。自分で選んだ子どもの気持ちはどんなだったかしら？　と胸が痛みます。五歳なのに、三歳でできるようになるレベルの（やさしい）技を選ぶこと自体が問題だとされているのですね。

また、朝の集まりにすぐに集まってこない子たちに、もう五歳なんだからそろそろちゃんとできてもいいよね、という眼差しが、その子たちだけでなく担任の先生にも注がれてしまうこともあるのではないでしょうか。五歳の場合にはこのあと、学校に行ってもそんなふうだと困るから、という言葉が続くことも多いかもしれません。

こうした話をしていたら、「もう○歳なのに」ということが園の中で強く意識されがちなのは、五歳だけではなく、三歳児クラスに上がるときもそうだという声が出てきました。

ご存じのように、保育士の配置基準では、一〜二歳児クラスでは六人の子どもに一人の先生なのに、三歳児クラスになったとたんに一五人（二〇人）の子どもに一人の先生ということになります。そのため、二歳児クラスまでは個別にトイレや着替え、食事などに目が行き届いていたとしても、三歳児クラスに上がったときから、それは無理になります。それを見越して、三歳に進級するまでにはできるだけ先生に手伝ってもらわずに、トイレや着替え、食事ができるようにしておかなくてはいけないと考える先生たちもいるでしょう。

それまで着替えなど、その子のペースに合わせて子どもの意思をできるだけ尊重して、ていねいに関わってきた先生でも、三歳児クラスになったら、子どもが先生の手を借りないで一人でもきちんとできるようにさせようと、二歳児クラスの終わりにはあせってしまうといいます。先生に抱っこしてほしいと子どもが要求しても、その頃になると、「もう三歳なのに」と抱っこしてもらえない雰囲気になることも多々あるようです。さらに、二歳児クラスの一月以降、たとえば先生が二人いても、保育の場面では一人で対応し、一人は事務仕事をするなど、先生が少なくなったときの「練習」をする園もあると聞いて驚きました。

　学習会で、なぜそこまで自分でやるようにがんばってしまうのかを聞くと、三歳児クラスに上がったとき、今年の三歳は自分でしっかりできていない。二歳のとき、どういう保育をしていたの？　と園の中で、ほかの先生たちに言われてしまうのがつらい。三歳の担任が大変なのを見ると、申し訳ないと思う、といった声が返ってきました。

　このような言葉が使われるとき、そこにいる子どもにとってはどんな意味をもつのでしょう？　今までの事例では、子どもに期待しているのにそこに達していない、力が足りないということを評定している言い方に聞こえますが、考えてみれば、「○○なのに、もうそんなことができるの？　えらいね」などというのも、ほめてはいますが、評価をしているということでは同じことですね。つまり、何か「五歳の標準」のように「○○の標準」のようなものさしがあって、それに対して目の前の子どもたちがそれより「できる・できない」と、おとなが評価を下しているということになります。

子どもからしたら、勝手におとなのものさしで測られて、足りないとか、だめとか言われても、今の自分のありのままが認められていないような気持ちになるのではないでしょうか。

また担任の先生も、去年やもっと前の年の、その年齢のクラスと比べられて、子どもたちが課題をきちんとクリアしているかどうかで担任としての力量を評価される……。おとなたちが、評価に追い詰められて、いつのまにか、今年の、今目の前にいる、この子どもたちの育ちを大事に見ることができなくなってしまう気がするのです。

「今年の五歳児は、幼い気がする」をめぐって

ある保育園の年長組が、「今年は幼い」と言われているというのですが、たとえばこんなことがあったそうです。

秋に動物園に遠足に行って、そのあと動物園ごっこを楽しみ、一二月ごろ、三、四歳と一緒に動物園ごっこをやったのだそうです。この園では毎年、この活動を行っていて、子どもたちがとても喜ぶのだそうですが、そのとき作ったお面や動物になりきるための衣装、小道具などはこのあと、三歳や四歳が自分たちでももっとやりたくて、年長さんに借りに行くといいます。けれどもその年は、「貸してー」と言ったら、「やだよー」と断られてし

まいました。それで三歳の子が泣いてしまい、なだめて戻ってきたのですが、例年なら年長さんは貸してくれるのに、「何なの、今年の年長は」「年長なのに貸してあげられないの?」と園内で問題になったというのです。

このことを話してくれた園長先生は、振り返るときによく考えてみないといけないと思ったそうです。園全体での動物園ごっこは、小さい子たちが楽しめるように、年長さんはお店屋さんになったり、小さい子から餌をもらって食べる動物のまねをしたりして、一生懸命くふうしてがんばったけれど、小さい子への配慮とは別に、自分たちがやりたい動物園ごっこを、まだ思う存分楽しめていなかったのではないか、だからまだ小道具をすんなり貸してあげるという気持ちにならなかったのではないか、と思い至ったというのです。

子どもたちに聞いてみると、たとえば汽車の運転手をやっていた子は、それもやりたかったけれど動物にもなりたかったとか、十分にあそびきっていないと思われることがいろいろ出てきて、おとなの思う動物園ごっこのイメージが、今年の子どもたちのあそびきった満足とは食い違っていたかもしれないことに気づいていったようです。

その後、引き続き年長さんは動物園ごっこであそぶのですが、おとなたちのなかに温度差が生じて、子どもたちが本当に満足したかどうか、なかなか一致できないということでした。子どもの見方、子どもの思いのとらえ方をめぐってここまで掘り下げて話ができたことに、聞いていた人たちは感動しましたが、実践としては悩みがつきないのだなと感じました。

「もう〇歳なのに」を越えるために

動物園ごっこの話をしてくれた園長先生も、「今年の五歳は、正直例年より幼く感じる」と言います。なぜ五歳なのにこんなに聞き分けがないの？　なぜ友だちとちゃんと話しあいができないの？　なぜこんなに荒々しくなってしまうの？　と悩む子どもたちの姿が目立つようになってきているといいます。子どもたちが穏やかに、安心して夢中であそび、おとなに自然に甘えられる日々が、社会的に保障されなくなったことの現れだとも考えられるでしょう。それは、子育てや子どもを取り巻くおとなたちが、安心して子どもや周囲のおとなと関わり、人の思いを尊重していく日々が脅かされているということでもあります。

もし、もう〇歳なのに、と思う子どもの姿に出合ったら、私たちは、まず、評価的に人を見てしまう見方に自分たちが陥っていないかを振り返り、年齢にふさわしいかどうかでなく、せっかく子どもたちが姿で知らせてくれている今の思いに、しっかり向きあっていくことかと思います。これは、一人ではしんどくてできないですよね。おとなも、もう保育歴〇年なのにとか、主任なのにとかいうことにこだわらず、みんなで子どもの思いをひもといていくことが、私たちをも救う道かもしれません。

「できる・できない」にこだわる？

「できる」にまつわる悩み

日々の保育のなかで、子どもたちが何かができるようになるのを目標に活動に取りくむことは、一般的に行われていることでしょう。そして、できるようになっていくことを目指して、日々努力している園も多いと思います。でも、子どもはそのときに必ずしも、みんなそろってやる気になり、一緒にできるようになるわけではありません。そのことを考えると、いっせいに何かに取りくみ、みんなができるようにしようとする保育に、無理はないかと気になります。

一方で、「できることにこだわらない」ということもよく言われます。できなくてもいい、取りくむまでの子どもの意欲が大切だといった考え方かと思います。でも、実際には、おとなができなくてもよいと決めてしまってよいのか、子どもはどんなふうに思っているのかなど悩みも大きいですね。

みんなで、いっせいに何かをするとき

おとなが暮らしの形をきちっと決めたり、いっせいに何かをしようとするときには、必ず「できる・できない」と「やる・やらない」が問題になるのではないでしょうか。

まず、毎日の暮らしのなかでは、朝、元気に保護者と別れることができるとか、かばんから連絡帳やおしぼりタオルを出す、朝の会に集まって座って先生の話を聞くことができる、散歩のしたくができるなど、できる必要のあることがたくさんあり、それぞれの場面でできない子ども（やりたくない、やらないという子どもの気持ちも行動としてはできていない、となります）がいると、どうしたらよいのか悩むことが多くなりますね。

あそびの場面では、何かを作ったり、運動的なあそびをしたりするとき、子どもが自分の興味であそびを選ぶことが可能であれば、保育上困ったことはあまり起こらないのではないでしょうか。しかし、みんなで同じ活動をし、同じことを達成するように計画したときには、子どもの「できる・できない」が保育の悩みになってしまいます。

また、運動会や劇の発表会など行事のときに、どうしても「できる・できない」にこだわることが多くなり、担任の先生にとっては悩みになります。とくに、子ども一人ひとり

が、保護者などたくさんの人たちに、できた姿を見てもらう場面では、保育者はできないままではすまされないと考え、子どもをがんばらせたくなっていくのではないでしょうか。その行事で、ここまで育ったという証として、何かができるようになるという姿を見たいし、見せたいとおとなたちが願えば願うほど、子どもができなかったり、やらなかったりすることの悩みは大きくなっていきます。

ある保育園の三歳児クラスでは、クリスマスにけん玉を全員にプレゼントするそうです。そして、三月にどれだけできるようになったかをみんなにお披露目をすることになっていて、それが子どもにも担任にも負担だと言っていました。でも、できなくてもかまわないのでしょう？　と聞いたら、最低、ここまではできるように、という暗黙の基準があるようで、クリアできていない子には、それとなく練習させようとしてしまうということでした。そして、お披露目の当日は、保護者も見に来るので緊張して失敗する子もいて、こんなに目に見える形でできることを要求する必要はあるのかと疑問を感じるということでした。

けん玉の魅力は、技を磨き、一つひとつクリアしてじょうずになることにあるのですが、自分からやってみたいとあこがれ、自分から取りくみ、うまくいかないときに自分で研究し、練習してできるようになったときの子どものうれしさ、誇らしさこそ、私たちが一緒に喜びあいたい大切なことですし、自分からやっているときは、失敗してもほかの人の目など気にしていられないくらい夢中でチャレンジできます。でも、成功しないとほめてもらえない、または、みんなはできるのに自分だけ失敗したらどうしよう、と心配しながら取りくむけん玉は、ちっとも楽しくないし、もはやあそびではなく、成功しても、夢中になって子どもをさらなる挑戦へと駆り立てる力を失ってしまうでしょう。せっかくのすてきなあそびを、こんな形で子どもから奪ってしまってはいけないのではないでしょうか。

三〇年におよぶ、ある先生の格闘

あるベテランの先生が、自分が若手の頃からの悩みを話してくれました。

毎年、棒登りや竹馬、鉄棒の逆上がりなどをクラスで取りくんでいたそうですが、できない子ややらない子が必ずいて、いくら誘っても、励ましても、やろうとしなかったりしたそうです。先輩や園長先生からは、「子どもはできるようになりたいし、やれる力をもっている。それを引き出せないのはあなたの保育のせい。もっと子どもを信じて取りくんでみるように」と言われ、悩んだとのことでした。

そして、運動会当日。それまでやろうとせず、できなかった子が、励ましのなかで初めてできてみんなから祝福されたのですが、そのときのその子のうれしそうな顔を見たら、やっぱり自分はだめで、もっとしっかり練習をさせて、みんなができるようにする保育をしなくてはいけないのか、と自分の保育に自信がなくなり、なんと一〇年くらい揺れていたというのです。

その後、手立ての難しい子が何人もいる五歳児を担任し、夏になってようやく自分の保育室に集まってくるようになったと思ったら、運動会への取りくみを始めたとたん、また大荒れのクラスになり、子どもたちに行事が負担になっていると感じたといいます。でも、園内の共通理解には至らず、その後やっとあそびも楽しめるようになったと思っていたら、また卒園式への取りくみでくずれてしまい、卒園式でもいつ何が起こるかヒヤヒヤして、実際、緊張からちょっとした騒ぎが起こってしまったそうです。

こんなに子どもたちを追い詰められた気持ちにしてしまうことが、本当に子どもたちのためになるのだろうか、と疑問を深くしていた次の年の運動会で、別のクラスが、跳び箱や登り棒を、できない子もできる子もいきいきとやっている姿を見てショックを受けます。そして、子どもから発信されることを大切に、子どもが自分で選んで暮らせる保育をしたいという思いが強くなったといいます。

子どものありのままを大切にしていくことが、子どもたちにとって大事。子どもからの発信をキャッチし、子どもの気持ちをわかっていけば、今何をするべきかが見えてくる。そして、それが子どもの成長にとって、とても重要な意味があると信じることが、子どもを信じることなのではないか。そう思えるようになるまで三〇年もかかったと、その先生は笑います。

今でも日々、考えること、悩むことは多いそうですが、子どもが思いを安心して切り出し、子どもとおとな、子ども同士がぶつかりあい、ごちゃごちゃすることそのものを、保育として楽しんでいるように見えました。

子どものありのままの姿を認める勇気

二〇一七年一〇月号の『ちいさいなかま』には、山形のたんぽぽ保育園の四歳児クラスで、運動会に竹登り、丸太渡り、側転の三種類から自分で選んでやってみようとした実践報告が載っています。

三つとも苦手で、誘ってもやろうとしなかった女の子が、竹登りに自分から挑戦し、おとなの助けは拒否したけれど、友だちには登るコツなどを教えてもらいながら、自力でてっぺんまで登れた事例です。

この報告の中心は、その後、数日後にせまった運動会で、おとなは当然竹登りをするのだと思っていたところ、この子がまだできない側転を自分で選んだことでした。どうして？と驚く先生たちに、その子は「だって竹登りはもうできるようになったから、こんどは側転をやってみたい」と答えたということでした。運動会という行事が活動のゴールなのではないし、自分から挑戦して獲得した力はその子自身のもので、ほめてもらうためにあるのでもないということを、おとなたちみんなが思い知らされた報告でした。

保育園の日々は、目に見える活動だけでなく、子どもたちとおとなたちがぶつかりあったりわかりあったりしながら、一人ひとりをその人らしく育てていきます。単にできるかどうかではなく、そうした子どもたちの内面の成長の貴重さを見逃さないためには、今いる子どもたちと一緒に保育をつくることを胸にきざんで、ときにはこれまでやってきたことも、一から見直す勇気ももちたいと思います。

第2章

子どもの思いに共感するって？

子どもとおとな、子ども同士の関わり

「待つ保育」ってどんなこと？

「待つ保育」で、誰が何を待つの？

「待つ保育」が大切だとよくいわれます。でも、少し聞いてみると、どんなことを「待つ保育」といっているのかは、人によってずいぶん異なっていることに気づきます。「待つ保育」で思い浮かぶことをある先生に聞いたら、たとえば一歳児クラスの子どもが散歩から帰るのを嫌がったとき、子どもの気持ちを考えて可能なかぎり待ったことを語ってくれました。

その子が、チョウチョが飛んできてひらひらとどこかへ行ってしまったのをずっと目で探していることをキャッチし、しばらくチョウチョを一緒に見渡して探し、「どこに行っちゃったのかなあ、また会えるといいね」と話していると、そのうち気がすんで帰る気持ちになってみんなで帰ってきたということです。

ここでは、待つのは先生で、何を待っているかというと、その子が帰る気持ちになるのを待つということになります。もし、いつまでたっても、子どもが帰る気持ちにならなかったらどうするの？　という心配も当然でてくると思います。実際にどのくらいその時間的な猶予があるのか、ほかの子たちはどうなのか、ということによって、とれる行動はそのつど違ってくるでしょうけれど、そのときの子どもの気持ちを理解し、そのことを子どもと共有しようとする関わりを大切にし、そして一緒に次へ向かうという保育を「待つ保育」と、その先生は考えていることがわかりました。

でも、「待つ保育」というのは、意識的に子どもが待つ場面を取り入れることによって、子どもが待てるようになることを目指す保育だと考えている先生も多くいるようです。

たとえば、給食のとき、みんながそろうまで食べ始めないで待つとか、ほかの子が使っている遊具を順番がくるまで待つといったことを子どもたちに働きかけ、こうしたときに待てるようになることを成長ととらえる考え方です。

「待つこと」を経験させること自体を目的とした関わりをしているケースも見られます。この場合は待つのは子どもで、何を待つのかというと、ほかの子どもがその集団のルールに従うようになること、といったらよいのでしょうか。

また、先生が子どものことを待つのだけれど、子どもがそのとき課題とされていることをやるまで待つというか、やらないことは認めないというケースもあります。

たとえば、散歩からまだ帰りたくないという二歳児を無理に連れて帰り、泣いている子どもに対して、自分で泣きやみ、自分で着替えを出して着替えるまで待つという話を聞きました。ちょうど着替えを一人でやれるようになっていく時期で、自分でやれるようになることが大切と思っている先生が、やりきることが成長することだと考えて、あえて手伝ったりせず、「みんなが、○○ちゃんといただきますするのを待ってるんだよ」と言って急がせていたということです。

これは、初めに書いたような、子どもが満足して気持ちが次に向かうことを子どもと共有するという待ち方とは違って、おとなの要求することを子どもが受け入れて、行動に移すまで要求し続ける。やるまで終わりにしないという待ち方です。

以前、一歳児クラスの四月に、まだ外を歩けるようになって間もない子に、靴入れから自分の靴を出して持ってくるように、先生が辛抱強く働きかけていた場面を見たことがあります。その子どもは、自分の靴を取り出すようにいわれても、自分の靴もわからないし、先生にもまだ慣れないらしく、ワーワー大泣きをしていました。

でも、このときは、どうにも無理だったようで、おしまいには先生が靴を出してきて、まだ泣いているその子を座らせて靴を履かせていました。「待つ保育」といっても本当にいろいろあるのですね。

「待つ」子ども、「待たれる」子ども

散歩から帰っての着替えの例のように、自分の意志と違うことをするようにおとなにうながされて、やるまで解放されない待たれ方は、子どもにとっては逃げ道のないゴールを示されることで、さぞ苦痛だろうと思います。それが、友だちを待たせることと連動してしまうのでは、さらにうれしくないでしょう。待たされている子どもたちにとっても、ゆかいとはいえないですね。

そこまで無理強いはしないけれど、なんとかその子を全体とうまく合流させようと、いろいろ働きかけたりすることは多いと思います。やさしくても、本当はおとなの設定した活動に、なんとかたどり着いてほしいという願いで待っているとき、待たれている子どもは、おとなのその意図とあせりをキャッチして、今の自分をもっとおとなにわかってほしいと主張し続けたり、合わせるしかないとあきらめたりすることも出てくるでしょう。子どもたちは、おとなの顔を見て、自分の気持ちの自然な発信ができにくくなってしまうかもしれません。

また、予定の活動に参加させようと必死になると、おとなは、あなたの「今」に寄り添うよ、という気持ちになれなくて、子どものそのときの気持ちを、本当にわかることが難しくなってしまうのではないかと思います。これは、そんなつもりがなくても、子どもた

ちみんながそろうことを優先し、それを大事にした保育になってしまうからです。そんなことを言われても、毎日の保育園の生活はやっていけないよ、と思われる方も多いとは思いますが……。

子ども同士の関係で、待つこと

ある先生が、五歳児クラスで経験したことを話してくれました。食事のとき、配膳の当番をグループが順番にやっていたのですが、あるとき、その中の一人の子が当番を「やりたくない」と言って、子ども同士でどうするか、言いあいになったことがあったのだそうです。「やりたくない」と言った子の理由は不明ですが、その子が配る分もほかの子がやるのか、その子がやっぱりやろうと思ったときに配るところがないとかわいそうだから残しておいて、その子がやるのを待つのか、意見が分かれたのでした。

結局、グループでない子どもたちの中から、おなか空いたから早く配って、という声が出て、やらないという子にも確認し、その子の分もほかの子が配って、食事になったということでした。

このとき先生は、何も言わないで見ていたといいます。五歳児クラスのおしまいのほうだったので、友だちのこともお互いにわかりあっているし、自分たちで考えていくことを大切にしたいと思ったとのことでした。願いは自分たちで考えて決めるということで、結論とかを思い描いたりはしなかったそうです。

このなかで、子どもたちの多くは、グループの当番が配膳し終わって食べ始めるのをただ待っていたのではなく、この話しあいの展開を見つめながら、友だちのことをいろいろ考えたりしていたことが想像されます。こうした意見の違いや友だちの気持ちなどを出しあい、決めていくプロセスそのものが、自分たちでやりとげることなのだと多くの子どもたちがわかってきていたのではないかと思うからです。

最後に、「早く食べたい」と言った子は、クラスに入ってまだ年月が浅く、友だちとのつながりの深さがほかの子たちと違っていたかもしれないと、先生は言います。それでもその子の発言を無視するわけでもなく、当番をやらないという子にも気持ちを確かめて、今回はこうしようと決めた子どもたち。この、子どもたちが体験した食事までの時間は、「待っていた」というより、決めるプロセスに参加していたというほうが近いように思いました。

Aくんを待ったR先生

R先生のエピソードです。三歳のAくんは、怒ると「うるせー、うざい」などと言い、物を投げたり、壊したり、人を叩いたりする子でした。R先生は「あっちいけ」と言われても、「嫌い」と言われても、「私はAくん好きだから」とそばについていたそうです。そのうち、「○○（友だちの名）がいけないんだ」と話してきて、「○○くんが△△したから怒ってるの？」と聞くと、「うん」とうなずき、その頃にはR先生の膝に座ってやさしい顔に戻っていたといいます。R先生は、フリーの立場で可能だったため、Aくんが怒ったときは、いつもそうやって関わっていたのだそうです。

ある朝、Aくんが朝のしたくをやらないで、R先生に「おしたくしないよ」とうれしそうに言いに来たといいます。そして、R先生がほかの子たちのしたくを手伝い終えた頃、また近寄ってきて、「先生がやってよ」と言い、「いいよ、一緒にやろう」とR先生が言うと、うれしそうにこれはここ、とやり始め、その日からこれが毎朝続き、R先生は毎朝Aくんにつきあったそうです。これが始まってからAくんは、怒ったとき、叩いたり壊したりしないで、先生に「○○が……」と訴えてくるようになり、膝にもすっと座ってくるようになったとのことです。

R先生は「やってからあそんで！」と言ったり、かわりにさっさと片づけたりしないでよかったと思ったそうです。

Aくんの本当の思いは、一対一で関わってほしいということだと思ったから、毎日根気よくつきあったのですね。Aくんが自分の気持ちを素直に表せるようになるのを待ったエピソードともいえるけれど、「わかりあうのにかかった時間」ともいえますね。

「待つ」時間は、「わかりあっていく」時間

　我ながら難しいテーマに首を突っ込んでしまった気がしますが、いろいろ見てくると、「待つ」というとき、「待つ」おとなは、自分の設定した目標は揺らがずに、子どもが到達するのを待つ、という構造になりがちだと思えます。そうすると、いつまで待てるか、という発想になってしまいます。

　そうではなく、暮らしのなかで、日々起こる子どもの行動を一つのきっかけとして、そこからおとなは子どもの思いをわかろうと関わり、子どもは自分のことをわかろうとしてくれるほかの人の気持ちがわかり、ほかの子も友だちの思いがわかったりする経験をしていく過程そのものが大切だと思うのです。だから、一人の子の発信から、その子の発見したおもしろいことに、ほかの子たちが興味をもっていくこともあってもよいし、そのときの具体的目標そのものも、そのやりとりのなかで、揺れたり変わったりするかもしれない。その一見ごたごたする時間を大事に過ごすことで、子どももおとなもたくさん発見することが大切なのだと思います。

　そして、そのとき出てきた結論は、りっぱなものでなくても、こうした日々を今歩みながら、子どもたちがそれぞれに自分らしく心豊かなおとなに育っていくのを、「楽しみに待てる」おとなでありたいと思うのです。

#「だめなものはだめ！」を考える

「だめなもの」とは、どんなもの？

子どもの気持ちをわかろうとして、その気持ちに寄り添うことは大事だけれど、なんでもよいわけではないよね。「だめなものはだめ」としっかり言うことは必要なので、メリハリが重要だという声をとてもよく聞きます。でも、本当にそれでよいのでしょうか？

保育の話のなかで「だめなもの」が出てくるのは、危ないことに対してが多いですね。何が危ないのかについては、保育者によって違っていたりするので、遊具の使い方など一律の決まりをつくったほうがわかりやすくて安心だという考えも出てくるのでしょうが、子どものようすやそのときの状況をていねいに把握して、その場やそのときの子どもたちに応じた判断を行い、安全と探究心の両方を保障していくことが必要で、すべてを簡単にだめと決めるわけにはいきません。

次に多いのは、友だちを叩いたり、蹴ったり、髪を引っ張ったり、かみついたり……といったことでしょうか。また、身体的に痛い思いをさせてはいなくても、仲間はずれにした、悪口を言ったなど、友だちを悲しい気持ちにさせてしまうのも「だめなもの」のようです。さらに、うそをつくことや、決まりを守らないことなど、数えきれません。

こうしてみると、子どもたちは、保育園でも家庭でも、毎日じつにたくさんの「だめなもの」に囲まれて暮らしているようすが見えてきます。「だめでないもの」は何なのかを、そのなかから探し出さなくてはならないというのが、子どもから見えている日々の暮らしだとしたら、私たちおとなも、きっと子どもが「だめなこと」をしてしまわないかと、いつも気を張って保育をしているという現実があるのかもしれませんね。

「だめなものはだめ！」と言いたくなるとき

このように「だめなもの」はたくさんあっても、それが守られないすべての場面できっぱり言い聞かせているかというと、そうとも限りません。第一、こんなにたくさんあってはとても対応しきれません。それでも、この言葉をしっかり子どもに言いたくなるのは、子どもがわかっているはずなのに、わざといけないことを平然とやっているように見えたときではないでしょうか。おとなに見られてもやめようとしなかったり、注意しようとすると笑って逃げて行ったりといった、おとなを「見くびっている」と感じたとき、これは許しておけないと思うことが多いのではないでしょうか。

ある四歳児クラスでの話です。お昼寝のとき、二人の担任がいましたが、ベテランの先生が先に休憩にあがり、二年目の先生が一人でトントンしていました。ところが、ベテランの先生が保育室を出て行ったあと、静かに布団に入っていたはずの女の子たちがむくっと起き上がり、仲よし三人組で、あそび始めたというのです。なんと敷いていた布団の下にテーブルまで引きずり込み、三人の布団で滑り台を作り、騒ぎながら滑っては歓声をあげての大騒ぎ。何人かがつられてあそび始め、クラスは楽しそうな声で大騒動になりました。そこにベテランの先生が戸をがらっと開けて、「何やってるの！」と入ってきました。その瞬間、ぴたっと騒ぎは収まり、ぱたぱたとそこを片づけて、あっという間に全員布団に入って静かになってしまいました。若い先生は自分ではどうにもできなかったと落ち込んだそうです。

その話を聞き、「でも、四歳や五歳って、そういうことといっぱいあるよね」「あそんだあと、『片づけるよ』と何度声をかけても片づけず、しまいには逃げて行ってしまったり、自分は使ってないから片づけないといって、友だちが一生懸命片づけているのに知らん顔したり……。そのとき、ある先生が登場すると、とたんに子どもたちは言われたことを一生懸命やるのよね」「なんだ、本当はやるべきこと、いけないことはちゃんとわかっているのに、なんで私だと言うことを聞いてくれないの！　とついカッとなってしまうこともあるし、落ち込んでしまうこともある」など、みなさんは口々に話してくれました。

言うことを聞かせる「だめなものはだめ！」

では、ふだんは言うことを聞かない場合でも、毅然《きぜん》として「だめなものはだめ！」と言ったら、子どもは言うことが聞けるのでしょうか。

ずいぶん前に卒業生が話してくれたのですが、二歳児を新卒で担任したとき、ベテランの先生が言うと牛乳を飲むのに、自分だと飲まない男の子がいたそうです。ある日、ベテランの先生が不在の日、へらへらして牛乳を飲もうとしないその子に腹が立ち、いつもベテランの先生がやっているように絶対に飲まないとこの場面はおしまいにしないよ、と毅然とした態度で臨んだら、とうとうその子は牛乳を飲んだのでした。その卒業生は、そのとき、新卒の自分でも彼が言うことを聞いて、あまり好きではない牛乳を飲んだということに達成感のようなものを味わったのだそうでした。

では、子どもはいったいどう思っているのでしょう？

この牛乳を飲まなくてはならなくなった二歳の彼は、明らかに牛乳が嫌いのようでした。だから、ちょっとでも飲まなくても許してくれそうなおとなには、そうした意思表示をしていたのだと思います。新人の先生はやさしくて、この人には甘えられる、自分の気持ちが出せると彼は思っていたでしょう。そして、それはこの半年、裏切られなかったので、彼は自分の気持ちがわかってもらえる人だと安心していたのではないでしょうか？　それだけに、この先生が態度を変えて怖くなったとき、どんなに驚き、動揺したかと思うと、切なくなってしまいます。そして、味方はいないと感じながら、嫌いな牛乳を飲んだのでしょう。

そのとき、どうしてそんなに飲ませなきゃ、と思ったのかをその卒業生にたずねました。彼女は、その日はベテランの先生の代わりに臨時の先生が入ってくれていて、その場面で、新人の自分がその子に牛乳を飲ませることができるかを見られていると感じて、どうしても飲ませたかったのだと話してくれました。「子どもに、いかに言うことを聞かせられるか」が、保育者としての力量のように思う空気が出てしまうと、子どもの気持ちを考える視点がまったくなくなってしまい、子どもの思いは見えなくなってしまうこと、そして、そのこと自体に気づけなくなってしまうのだと思った事例でした。

「だめなものはだめ！」では、出発できない

勉強会の中で、子どもがいや・だ・とか、もっとやりたいとか主張したり、実際に行動に出たときに、先輩から「一度でも認めたら味をしめるから、絶対にいけないものはいけない。特別はつくらないようにしないと」と言われてしまった、という話も出ました。

子どもになめられるとか、子どもが味をしめるといった発想は、おとなが子どもと対立してしまっていて、子どもがやりたいことをやること自体を否定しているような気がします。子どもを理解しようとするおとなからは、出てこない言葉ですよね。子どもの言い分に耳を傾けることは、やさしいとか、穏やかとかいうことではなく、保育者としてしっかりと、子どものそのときを理解するという保育の基本なのではないか。それを確認できないと、おとなの思いを結局は押しつけてしまうことになる、といった意見もありました。

おとなが「だめなものはだめ！」と動かずに、子どもを理解しようとしないと、子どもは、わかってもらえそうもないとあきらめてしまうかもしれません。その子が表す行動がだめなことでも、だめでないことでも、そこに込められたその子の願いや思いをつかまなくてはいけないのではないか、そこに徹することで、そのとき、どのようにその子やまわりの子に対応したらよいかは、おのずと出てくるのではないだろうか、それを究めていくことが、おとなたちには求められているように思います。

一人だけやってあげるのは不公平？

悩むのはどんなとき？

ある若い保育士さんが、自分が非常勤で働いていた園で、自分の膝に座りに来た二歳児を座らせて絵本を読んでいたら、一人だけ膝に座らせているのはよくない、ほかの子がうらやましがるし、ほかの子が危ないことをしそうになったときにすぐに止めに行かれないから、と注意されたそうです。そして、平等に誰も座れず、しかもどの子どものところにもすぐ飛んで行ける、片膝を立てたような姿勢で座るようにと言われたというのです。

でも、いちばんの悩みは、やはり一人の子にしてあげていることをほかの子も求めてきて、先生の取りあいになってしまったときのような場合でしょう。たとえば、抱っこしている子を見て、自分も抱っこしてほしいと言ってきたとき、抱っこしてあげたくても一度に何人もは無理ですものね。

また、ある保育園で、配り始めたおやつを、発達がゆっくりな○○ちゃんがみんながそろう前に食べ始めると、それを見ていた別の子が「○○ちゃんだけ先に食べてずるい」と先生に言ってきました。そのクラスでは、ほかの子はいつもみんながそろってからいただきますをして食べていたそうです。そのことを話してくれた若手の先生は、「ずるい」と言ってきた子に、なんと説明したらよいか困ってしまったといいます。あの子は、説明しても理解できないから許しているけれど、あなたたちはそのことがわかるから待っててね、といったようなことは言いたくないし（それはそうですよね）、でも○○ちゃんは本当に説明しても理解できないので、制止したら怒って泣くだけだし……。

そのとき、一人の先生が、「『ずるい』と言ってきた子は、先に食べるのがうらやましい、自分もそうやって先に食べたいと思っているのだったら、『先に食べてもいいよ』と認めたらよいのではないかしら」と言いました。自分も早く食べたかったのなら、「それでもいいよ」と言ったら、その子はずっと○○ちゃんと同じように早くおやつを食べ始めるだろうし、本当は先に食べたいのではなく、先生が○○ちゃんを特別扱いしているようでうらやましいと思っていたのなら、一、二回そうやって食べたら気がすんで、みんなと一緒に食べるようになるかもしれないというのです。

若い先生は試してみて、その子が、○○ちゃんは先生から特別に許してもらっていてうらやましいと思っていたのだなと感じることができ、おやつのことだけではない、その子の気持ちが少しわかって、先生に認めてほしいサインをていねいに受けとめるようになったそうです。

一歳児クラスで、先生の膝の上で包まれるような姿勢で絵本を読んでもらっている子がいると、たいてい誰かが、自分も！　とやってきます。そのとき、先生は半分の片膝ずつに子どもを乗せれば二人とも座れるだろうと思ってその子を片方の膝に寄せて、空いたほうの膝を示して、ここに座れば、と誘うことが多いのですが、これは今まで座っていた子にはうれしくないため、座っているほうの子が怒ったり泣いたり、どちらかがもう一人の子を叩いたりし始めて、だんだん騒ぎは大きくなっていき、それじゃあもう二人ともお膝はなし！　などと宣言して、二人とも泣いてしまうようなことはときどき見かける光景です。

でも、みんなに同時にやってあげられないから誰にもやらないというのは、保育のなかでの個別の対応を一見「平等」にするために、子どもの願いを断ち切ってしまうという、じつは不自然で子どもにとってはうれしくない対応になってしまう危険があるのではないでしょうか。

どう考えたらいいの？

では、本当にどの子も平等、公平に関わるというのはどういうことなのでしょうか。一度に全員はだめとしても、たとえば子どもの抱っこの願いを受けて一人を抱っこしたら、全員を一日のうちに必ず同じくらいの回数や時間（〇〇分）抱っこする、といったことがそうなのでしょうか。これもなんか違うとか、そんなこととてもできない、と思う先生もたくさんいらっしゃるでしょう。

今日は気持ちが揺れていてうんと甘えたいけれど、別の日は友だちとあそぶことが楽しくて、夢中であそび、先生のところにくっついて来ない、というように、同じ子どもでもそのときの気持ちや状況によって、先生に特別に関わってもらいたいときと、そうでないときがありますよね。また、子どもによっても認められたくて、こっちを向いてほしいというサインをいろんな行動で出し続ける子もいれば、そんなに不安もないので、わりあいにおおらかな子もいます。

その子の、そのときやってもらいたいと願っている気持ちにしっかり気がついて、実現しようと真摯に向かうことが大切で、そしてそれは、ほかの子も見ている姿だと思うのです。先生にあんなふうに甘えていいんだ、とわかることで、自分も甘えたくなったら先生のところに行けばいいんだ、とほかの子も学ぶのです。自分も、今の〇〇ちゃんがやってもらったように、先生を求めたときに、その気持ちをちゃんと聞いてくれると安心できれば、みんながいっせいに同じことをやってもらわなければ不公平だとは、子どもは思わないのではないでしょうか。

つまり、どの子に対しても平等というのは、どの子も、自分が本当に願ったとき、きっとこの先生は（または、どのおとなも）応えてくれる、と思えるようにするということです。では、どうしたら、子どもはそう思ってくれるのでしょう？

「一人だけ不公平」にならない道

ある一、二歳児混合のクラスで、食事のとき、どうしてもままごとコーナーで食べたいという子がいて、そのコーナーの丸テーブルで食べていたそうです。ほかにもそこで食べたいという子がいるときは、その子もそこで食べていたといいます。担任の先生たちで、もし、みんなが一度にそこで食べたいといったらどうしようと話しあい、とにかく受けていこうということを確認したそうです。そして、四人しか座れない座卓がいっぱいになってもまだそこで食べたい子がでてきたとき、いつも使っている四角いテーブルをままごとコーナーに運んできて願いをかなえたといいます。そうしたら、みんな、ちょっとうらやましいのでそちらに行って食べてみるけれど、それがずっと続いたわけではなく、結局は、ほとんどの子はもとの席に戻っていきました。

また別の園ですが、朝の受け入れで、乳児は一階、幼児は二階となっているのですが、上にきょうだいがいる乳児が二階に行きたがって別れ際の親を困らせていたので、正規の先生が話しあって二階で受け入れてみたら、ごねずにお父さんと別れられたのだそうです。

そうした子が三、四人出てきたとき、朝のパートの先生が、二階の正規の先生の承諾をもらって、分担して安全に子どもたちを二階に連れてきてくれたりもしていました。

　ある日、二階の早番の正規の先生が遅刻したとき、朝のパートの先生が、「今日は先生が一人だから上には行けないの」と、子どもに一生懸命言い聞かせていたそうです。遅れて駆けつけた正規の先生は、子どもたちが気持ちよく生活に入っていけるように、しかも先生がいなくて安全の責任がもてないときは、そのように子どもに説明してくれている朝のパートの先生たちに感謝し、わかりあえていることを実感したそうです。

　また、保護者同士で、「お宅の子、乳児なのに二階に上がってたよ。ちゃんと見てもらえてないんじゃない？」というＳＮＳに、その子の保護者が、「いやいや、うちの子が泣くから先生が連れて行ってくれたんだと思う」と返していたことも知って、保護者たちもそうやって保育園をわかっていってくれているんだと、しみじみ感じたという話をしてくれました。

　一人の子の親と別れがたくて、兄のいる二階に行きたいという思いをなんとかしたいと奮闘する保育のありようが、おとなの間に共有されていくようすが印象的でした。そして、一人の子の要求が何人もの子に広がっていったら、そのときはどうすればできるのかを、そのつどそこにいるおとなたちで考えることで、「一人だけ不公平」にならない道は見えてくるように思えます。

子どもが泣いたとき

子どもが泣くのはどんなとき？

　乳児が泣くのは、言葉のかわりだと誰もが思うし、どうして泣いているのかその理由を知ろうとし、泣く原因を取り除いて心地よくなってもらおうとしますよね。

　でも、もっと大きな子どもが泣くとき、言いたいことがあるなら泣いていないでちゃんと言葉で言ってほしいと思い、いつまでも泣いていることを受け入れられない気持ちになるおとなは多いのではないでしょうか？

　ある方のレポートに、公園で見かけたほかの保育園の、三、四歳くらいの子どもたちと先生の姿がありました。

　ドッジボールのようなあそびをしていて一人の子が泣き出しました。ケガをしたとかいうことではなく、ボールがあたったのが嫌だったか、ボールがとれなくて嫌だったからのように見えたそうですが、先生は「やりたくなかったら、端に座っててもいいよ」と言ってドッジボールを再会し、その子は端に座ってずっと泣いていたということです。

この事例の先生がどのように考えていたかはわかりませんが、あそびの最中に子どもが泣き出した場合、そこにいるおとなはまずケガや身体的に何か問題が起きたのではないかと心配します。次に子ども同士が叩いたりしていないかを確認し、大丈夫だと判断できるとひとまず安心して、気持ちの問題はちょっとあとまわし、ということがもしかしたら多いかもしれません。その子の気持ちをていねいに聞いていると、あそびは中断してしまうし、ほかの子はつまらなくなってばらばらにあそび始めるかもしれないし……。

また、散歩の帰りに「抱っこ～」と泣き出した二歳児クラスの子どもに、「泣いたって抱っこはできません！」と言い聞かせた先生の話も聞きます。

泣くことはいけないこと？　と聞かれたら、泣くのはしかたがないけれど、ずっと泣きやまないのは聞き分けがないと考えているおとながけっこういるということでしょうか。

泣くのには理由がある

では、子どもが泣く理由はなんでしょう？　怖かったとき、痛かったとき、びっくりしたとき、理不尽で納得できないと思ったとき、嫌だと思ったとき、不安なとき、悲しいとき、さみしいときなど、いろいろなことに遭遇して嫌な気持ちになったときでしょうか。また、緊張がとけたときも涙が出るかもしれません。

そのときの子どもの状況をよく見ていれば、なぜ泣いているのかはわかるのかもしれませんが、毎日の暮らしのなかでは、泣き声を聞いて初めて、その子のほうを振り向くことが多いと思います。おとなは、「どうしたの?」と説明を求めますが、それでも泣いていると、「泣かないで話してごらん」とさらに求め、それでも話してもらえないと、「泣きやんだら聞いてあげる」「泣くのはおしまい!」と、なんとか泣きやませようとがんばってしまったりします。

泣く理由がわからないとき、おとなは泣いていて話してくれないのだからどうにもできない、と子どものせいにしたくなったりするのですね。その子が泣いている気持ちをわかろうとすることができなくなり、「泣くに値する正当な理由」(?)があるかどうかを判定しようとしてしまいがちです。

一方、子どもは、いろいろ言われても、泣いている理由を説明するのはなかなか難しいでしょう。本人もよくわからない感情であることもあります。だから泣いているともいえます。そして、やっとの思いで理由を伝えても、その理由では受け入れることはできないとピシャリと言われてしまったら、よけいに泣きたくなってしまいます。

ある園長先生は、ご自分の子ども時代の気持ちを思いだして、次のように語ってくれました。「今思うと、自分が正しいと主張したかった、とても嫌だったなど、そのときどきの思いは違っていたけれど、理由はあったのだと思います。そしてそのとき、いちばん望んでいたのは、先生に来てほしかった。自分の話を聞いてほしかった。そこだけははっきり覚えています」。

こうした子どもの気持ちを覚えているおとながたくさんいると、子どもはずいぶん助かるのではないでしょうか。

泣きやませる？　泣き終わる？

こう見てくると、どうしてもおとなの側に、子どもが泣くことは基本的によくないことで、子どもが泣きやむことが目的のように思う考えがあるように感じます。

泣くのに理由があるということは、理由が解消されれば泣きやむということで、泣きやむのはその結果です。本当の子どもの気持ちを見出すことを放棄してしまうと、とにかくおとなの力わざで泣きやませる方向にいってしまいます。

レポートの中に、「子どもの泣く自由が保障されない世の中だと思う」との声もありました。せっかく、泣くという行為で自分の気持ちを発信しているのに、それを否定され、泣きやむことばかり求められるということは、子どもが泣きやんだとしても、子どもの気持ちはすっきりしないし、自分をわかってもらえないという、おとなへのあきらめを育てているような気がします。泣きながら自分を主張し、それをわかってもらえて、自分から気持ちよく泣き終わる（こんな言葉があるかは自信はないですが）まで、泣く姿も大事にしたいと思います。

子どもは泣くのが仕事？

では、子どもが泣くことは当たり前だから、泣きやませようとがんばらなくてもよいのでしょうか？　一般的にはよく、「子どもは泣くのが仕事なんだから」という言葉も聞きますね。この言葉は「子どもが泣くのは、意思表示としても当たり前。だから、泣くことをいけないなどと言わないで」という意味にもとれますが、「当たり前だから、いちいち気にしなくてもよい」というニュアンスになることもあるようです。

保育園でも、よく泣く子に対しては、そのうち泣きやむからと、そのままにしてしまうこともあるかもしれません。泣いても誰も気にかけてくれない場合、その子はそのうち泣きやむかもしれませんが、それは泣く理由が解決されたからではなく、あきらめたからではないでしょうか。では、なぜそうなってしまうのかを考えると、おとなから見て、この子はすぐに泣く、たいしたことではないので放っておいてもよい、と思ってしまうからではないでしょうか。また、泣けば言うことを聞いてもらえると子どもが思ってしまってはいけない、と考えるからかもしれません。

子どもの泣く理由について、おとなの私たちにその思いがわからないからといって、たいしたことではないと判断してしまうとしたら、おとなは勝手だなあと思います。

「ウソ泣き」って？

子どもが泣くことについていろいろ話していたときに、「ウソ泣き」という言葉が出てきました。自分はそうした子どもの姿は見ていない、わからないという先生もいますし、「ウソ泣き」も思いの一つの表現とみるべきという声もありました。本当は泣いていないのに、泣くふりをするということなのでしょうが、ウソっこの「泣き」は、「うそだよー」と顔をあげて笑うといった、先生とのコミュニケーションですよね。

でも、気になったのは、おとな同士の会話の中で、「演技が上手」「女優だから」という言葉が出ることがあると聞いたことです。

子どもが泣いていることを、本当ではないとして気にしようとしない、しかもその子が何かおとなをだましてずるいといったような見方があるとしたら、子どもは泣く理由や気持ちに気づいてもらえないだけでなく、嫌な子だと思われてしまうのではと心配です。どんな泣き方でも、それは子どもの気持ちの表れなのですから、それについておとなは、きちんととらえる努力を惜しまないことが求められているのではないでしょうか。

ちなみに「いま泣いたカラスがもう笑った」という言い方がありますが、それも、四、五歳だったら、なんだかプライドが傷つくのではないかと思うことがあります。

子どもが泣くと、気になる視線

また、子どもが泣くと、まわりの視線が気になってしまうおとなの関係がいっぱいありますね。大声で子どもが泣いて虐待を疑われ、通報されてしまった経験をもつ方もいました。保育園でも、近隣から騒音の苦情がくるため、子どもが大声で泣くのを（笑ったり、叫んだりも）なんとか止めたいとする状況がありますね。

そして、保育士同士でも、子どもを泣きやませることができるかどうかで、保育の力量を測ろうとするような傾向もあります。これでは保育のなかでも子どもの気持ちをわかろうとすることに集中できず、とにかく泣きやんでほしいと担当の先生が願ってしまいます。

ドイツでは、日本と同じような保育施設建設反対が多くなっていた二〇一一年に、子どもに関する施設での子どもの発する音は、騒音とはみなさない法律がつくられ、今では子どもの泣き声や親にも、おとなたちの眼差しがやさしくなったと聞きます。

こう見てくると、泣きたいとき、堂々と泣けるのは子どもの権利とも思います。

子どもがウソをついたとき

子どものあんなウソ、こんなウソ

小さい子どもが「ウソをつく」と言っても、現実にあることと現実でないこととの境目がはっきりわかっていないことが多い子どもの話は、「ウソをつく」という言い方はそぐわないと思う方は多いと思います。でも、子どもが自分の失敗などを友だちのせいにしたりしたとき、おとなはどうしているでしょうか。

ウソといえば、誰かが傷つかないようにつくもの、バカにされたくなくてつい見栄を張ってしまうウソ、一時逃れと知りつつも、言い訳のためについてしまう苦いウソ、自分の立場を守るために罪もない人を悪者に仕立ててしまうウソ、話をおもしろくするためについ広げてしまう大風呂敷のウソなど、私たちおとなの日常にはずいぶんたくさんのウソがあります。では、子どもの世界ではどうでしょう？

ある保育園の先生だった方に聞いてみると、四歳のAくんの靴がなくなったことがあったそうです。夕方お母さんがお迎えにきて、うちの子の靴がないということになり、その場にいた先生たちで探しましたが見つかりませんでした。

翌朝、四歳児クラスの子どもたちに、Aくんの靴がなくなって困っていると話すと、「ぼく、知ってる」とBくんが言ったのだそうです。そして、本当に靴箱のうしろの陰のほうから探し出してきました。先生はBくんが隠したのだと思ったそうですが、追及しなかったといいます。

ではどうしたの？　と聞いたら、Bくんに「Aくん、靴がなくてとても困っていたから見つけてくれてありがとうね。すごく助かった、というようなことを言ったと思う」とのことでした。なぜ、追及しなかったのか、重ねて聞くと、その靴は新しくて、子どもたちの好きな絵がついていて、きっといいなと思ってつい隠してしまったのかなと考え、追及して謝らせるのはなにか違うと思ったのだと思う（昔のことでよく覚えていないけれど）とのことでした。

友だちのものを隠したこと、そしてそれを言わなかった（ウソをついた）ことをもし追及していたら、Bくん自身も、Aくんやほかの友だちも、Bくんて悪い子なんだと思ってしまったかもしれません。そして、叱られないためには自分から「どこにあるか知ってる」

なんて、決して言わないようにしようと学んでしまったかもしれません。

その先生は、「親だと、自分の子が友だちのものを取って隠してしまったとなったら感情的になって、追及して事実を白状させ、謝らせてしまうかもしれないけれど、保育者だからなんとなくBくんの気持ちや、知ってるなんて言ってしまう幼さみたいなものが見えて、あまり騒がないで終わりにできたのかもしれない」とも話していました。

また、ある五歳児のCくんは、SPごっこをしていてイヤフォンのつもりで耳に小石を入れたら取れなくなり、お迎えに来たおばあちゃんと耳鼻科に駆け込み、おばあちゃんに聞かれて、とっさに四歳児のDくんに石を入れられたと言ってしまい、おばあちゃんが保育園に怒ってきたということがあったそうです。

でも、ほかの五歳児の友だちが見ていたので、自分で入れたことがばれてしまいました。おばあちゃんと担任の先生の信頼関係ができていたこともあり、先生からおばあちゃんに説明し、おばあちゃんは家に帰ってCくんと話して、自分でやったことを聞き出し、園に謝ってきたということです。どうして関係のないDくんにやられたと言ったのかな、という話になったときに、Cくんはいつもつっぱっているけれど、もっと甘えたいようすが見られる子で、Dくんは荒々しくなりやすいとみんなに思われていたので、自分でやったら叱られるけれど、そういう子にやられたと言えば、みんなに同情してもらえると思ったのかなあと、話してくれた先生は言っていました。

ウソをつく子は、悪い子？

靴を隠す事例は、友だちは困るけれど、誰かに罪をきせたりはしていません。でも、耳に小石を入れてしまった事例は、やってもいないDくんの側からしたら濡れ衣で、大迷惑ですね。おとなが、捨て置けないと感じるのは、このように、事実は自分のせいなのに、友だちなど誰かほかの人のせいにするウソだと思います。

筆者は小学校低学年の子どもの保護者から、子どもがウソをついたことについて親として悩んでいるという話をこの間いくつも聞きました。

そのなかのあるお父さんは、保育園の年長組のときにわが子がウソをついたことを知ってから、そのことを問い詰めることをすべきか、一年以上も悩んでいるとのことでした。親である自分に対して、あくまで正直に言わないわが子との関係に自信がもてず、とても問い詰められなかったのだといいます。でも、このままでちゃんとした人に育つのかが心配だといいます。その親子の息苦しさを思うと、そのときの子どもの気持ちや背景を、保育園と一緒に考えられていればよかったのではないか、今からでも協力できるおとな同士で考えあっていけたらと思いました。

子どもにまっとうに育ってほしいという願いの強さが、小さいウソも見逃さず、何かの拍子につい言ってしまったウソを問い詰められれば、子どもはウソの上塗りをしないわけにいかなくなり、どんどん「ウソをつく悪い子」をみんなでつくりあげてしまう危険が、親子の関係のなかではとくにあるのかもしれません。

子どものウソと向きあう

ある若手中堅の保育士さんが寄せてくれた意見で、次のようなものがありました。

年長クラスで、毎日のリズムで「足が痛いからやりたくない」と訴える子がいて、休んでいていいよ！　と受け入れました。そのときまでは痛そうにしていたのに、リズムが終わってからは何事もなく走っていたのを見て、「ふだんから自分は子どもを受け入れているつもりだったけれど、まだウソをつかないといけない関係なんだな」と考えさせられたことがありました。ウソはよく自分を守るために使われますが、使わないといけない関係ではなく、使わなくても本心を言えて受け入れてもらえる関係が大切ではないかと思っています。

子どものウソは、初めから他人を本当に陥れようと、計画的になされるものではほとんどありません。つい言った小さなウソが、本人も驚くほどおおごとになってしまうことも多いでしょう。また、たとえ誰かをちょっと困らせたいという気持ちがあったとしても、そうした形で表してしまうその子の思いをていねいに見れば、うらやましいとか、自分にもっと気づいてほしいなど、その子の切ない気持ちが見えてきたりします。

先に述べた先生のように、ウソを問い詰めるのではなく、もっと安心して本当の気持ちを言えるような関係をつくっていくための糸口にしていくことが大切なのではないでしょうか。

その努力のなかで、子どもにも、自分のついたウソとちゃんと向きあえるときが訪れるかもしれない。それを見守っていきたいですね。

「ほめる」ことについて考える

「ほめる」ことのどこが問題？

保育士の方々が現場で悩んだり困ったりしていることをテーマにしてきたのですが、「ほめる」ことについては、あまり悩んでいる声は聞こえてきません。これを読まれている方たちのなかにも、何が問題なの？　と思われる方もいらっしゃるかと思います。それでもあえて選んだのは、筆者には、ずいぶん前からのこだわりがあるからです。

人はほめられたらうれしいし、やる気もでてきます。それは、子どもだけではなく、おとなもそうですよね。でも、何をどのようにほめられたかによって、気持ちは変わってくると思うのです。できばえをほめてもらったとき、うれしくてちょっと得意な気持ちになったりもしますが、同時に次もうまくできるか心配にもなります。

たとえば、いつもおねしょをしていた子が、おねしょしなかったときにほめてもらっても、本人の自覚でコントロールできることではないため、次も成功する保証はまったくありません。本人にとっては、おねしょをしていなかった朝はほっとするうれしい朝だとは思いますが、「おねしょしないでえらかったね」などとほめられると、明日はどうなるか心配で、寝るときからドキドキしてしまいますよね。おねしょはほめたり叱ったりするものとは異なる次元のことなのに、叱るのはよくないけれど、ほめるのはよいと思われがちです。

では、たとえば劇や音楽を舞台でやって見てもらうとか、運動会などで大勢の人たちに見てもらう活動のときはどうでしょう。一生懸命練習して、もう自分にはできるとわかっているものであっても、あがってしまって失敗したらどうしようと心配になりますし、本当に頭が真っ白になってしまうこともありますね。まして、ちゃんとできるかどうか自分でもわからなかったら、めちゃくちゃ不安になります。さらに、勝ち負けを競うときには、どうしても勝ちは「○」で、負けは「×」と思ってしまうため、勝てるかどうか心配です。そのうえ、あなたなら勝てるはずと思われていたりすると、「だめもと」と思えているときには感じなかったプレッシャーでさらに緊張して、本来ならできるものもできなくなったり、ということは私たちにも経験があることですね。

そして、人にできると思われたことを失敗したとき、期待を裏切ったという自分の「だめさ」を強く感じてしまい、その後、チャレンジするのが怖くなってしまったりします。

本当は、生きている限り、どんなことも新しい挑戦で、それらはできるようになるまでは何度でも失敗が繰り返されることが当たり前ですが、できたことをほめられ続けていると、逆に新しい挑戦に対して、失敗が怖くて消極的になってしまうような気がします。

失敗もうまくいったことも、その人の経験として大切なことで、そこで味わういろいろな気持ちに振り回されることも含めて、人はまわりからの支えも得ながら自分で自分をつくっていくのだと思います。つまり、うまくできたかどうか、勝負で勝てたかどうかなど、目に見えるできばえを評価することについて、それが「ほめること」であっても、本当に子どもの支えになるのかどうか、その影響が気になってしまうのです。

もう一つ、筆者が気になってしまうのは、大好きな先生にほめてもらうことはすごくうれしいことなので、ほめられたくて子どもががんばってしまうことについてです。

たとえば、自分はもっとあそんでいたいけど、「貸して」と言われて持っていたおもちゃを貸したとき、相手の子がうれしそうな顔をしたり、「ありがとう」と言ったりすることで、自分の行動がよかったと思えるということが大切です。でも、おとなが「えらいね、よくがまんして貸してあげたね」とほめることで、子ども本人の動機や意図が、ほめてもらうことにいつのまにかずれていってしまわないか、そうしたら、ほめてもらえなかったらやったかいがないと思うようになってしまうのではないか、という心配です。

学習会でこのことを話したとき、「でも、それはおとなでもなかなか到達できないことかもしれない」と言われました。そして、たくさん話していくなかで、子どものできた！　やった！　が見えたとき、自然にそのことに感動して共感の言葉がでてくることは、子どもにとってもうれしく、その言葉が励みになってもよいのではないか、でも子どもをうまく動かそうとか、まわりの子にも後に続いてもらおうとか、おとなが何か下心（!?）をもってほめることは気をつけなくてはいけないね、ということが出てきました。

ほめられても喜べない？

また、ある保育園の五歳児で、嫌いなのにがんばって食べてめちゃくちゃほめられたことで、その後やっぱり嫌いで食べたくないと思っても、素直に「食べられない」と言えなくなり、つらくて食事の時間に元気がなくなってしまった子がいました。その子ががんばって嫌いなものを食べたとき、先生はそのがんばりを励まそうと「○○ちゃんが嫌いな△△をがんばって食べたよ」とほかの子どもたちだけでなく、隣のクラスの先生にまで報告したそうです。そのことが、そんなにその子の心に負担をかけることになるとは思わなかったので、その子が次第に食事のときに元気がなくなり、さらには保育園に来たくなくなる原因だと思い至るまでにずいぶん時間がかかりました。

また別の園での話ですが、ある年長の男の子が、いつもおもちゃを下の年齢の子に貸してあげていたので、えらいね、いつもやさしくしてくれて、とおとなたちは彼の行為を讃えていたのです。そのうち、その子が園舎の裏や園舎内でも人のいないところにあそびに行くことに気がつきます。どうしても自分であそびたいものを手に入れたとき、誰か年齢の小さい子が「貸して！」と言ってきたら、必ず貸さなくてはいけなくなるので、みんなから見えないところに隠れてあそぶしかゆっくりあそべる道はないと、その子は思ったようでした。だって、「貸して！」と言われたとき、先生の期待に応えたいと願うなら、貸すしかなくなるのですから。

このケースでは、その年長の男の子の姿に先生たちが気づいて、ほめることが子どもを縛ることもあるのだと反省し、使っているときは誰でも「今は使っているから」と断っていいこと、断ったからやさしくないなんて先生たちは思わないことを、いろいろな機会を通じて伝えていきました。次第にその子は隠れてあそばなくても大丈夫になっていき、先生たちもほっとしたとのことでした。

ほめてはいけないの？

では、子どもが何か初めてできたり、がんばって練習したりしたとき、ほめてはいけないのでしょうか？　何も言わないほうがいいのでしょうか？　できるようになったことがうれしくて先生に言いに来た子どもに、どう対応すればいいのでしょうか？

きっと先生たちは、その子のそのときのうれしい気持ちに共感し、自然に「よかったね」「やったね」などと声をかけているのではないでしょうか？　子どもの気持ちに共感することで、子どもはそのときの自分の気持ちがわかってもらえている、共有できていると感じて、さらに元気が出ると思います。たとえば、どんなときでも使ってしまいがちな「すごーい！」も、言葉の善し悪しより、そのときのおとなの心持ちで「ほめられた」と感じるか、「共感しあえた」と感じるかは変わってくると思います。

辞書によると、「褒める」という漢字は、目上の人には使えない言葉で、目下への評価の言葉のようです。そうだとすると、「ほめる」という言い方とは違う、子どもとおとなが対等な目線で認めあい、喜びあう言い方ができるとよいのですけれど、なかなか思いつきません。どなたかの新鮮な提案をお待ちしています。

「受けとめるって、子どもの主張をなんでも聞くことと違うよね」を考える

子どもの思いが受けとめられない

たとえば散歩に行こうと提案したとき、たいていの子は「行きたい」と言います。でも、「行きたくない」と言い出した子どもがいたら、どうしていますか？　子どもの思いを大切にしたいと考えている先生たちは、そのわけを知ろうとして「どうして行きたくないの？」と聞いてみます。「だって疲れるんだもん！」などと返事が返ってくると、「えーっ、そんな理由？」と思う人も多いかと思います。答えが返ってくればまだよいのですが、何も言わないで、重ねて聞いていくと泣いてしまったり、どうしてよいやらと困ることもあるのではないでしょうか。

また、ほかの子たちのことを差し置いて、この子の「疲れる」や、なぜか「やだ」という主張を取りあげることはできない、と思うでしょうし、「やだ」と言っている子どもにも、いつでもそれが通るわけではないんだと、わかってもらうことが必要だと考えることも多いのではないでしょうか。

その子が「行きたくない」という表現で表していることにどんな気持ちがあるのか、毎日保育をしているおとなとしては、その子の日々のようすや家庭のことなどから、思いあたることもあるかもしれませんね。

いつもは散歩に喜んで行くのに、「今日は疲れるからやだ」と言っているなら、きっと今先生にわかってほしい気持ちがそこにはあるでしょうし、ふだんから散歩に行きたがらない子だったら、散歩がいやな理由をやはりわかっていくことが求められます。すぐにはわからないかもしれませんが、わかろうとしながら関わることでしか、散歩への意思表示を通じて、子どもの気持ちを理解することはできません。理解しないまま行動をなんとか収めようとしてしまうと、子どもはおとなにわかってもらえないという思いを抱いたままになってしまいます。

だからといって、そこでずっとその子とやりとりをしていられるとは限りませんよね。そんなとき、たとえば、園庭にいる先生に事情を話してわかってもらい、散歩に行きたくない子が園庭であそんでいる子どもたちにまじってあそぶことができれば、散歩に行かないという選択肢もあるかもしれません。

その選択肢を子どもと話しあったとき、おいて行かれるのはやっぱり嫌だ、一緒に行くとなるかもしれないし、行かないほうを選ぶかもしれません。また、行かない子がほかにも出てくるかもしれません。

ここで、もし行きたくない理由が「昨日あそんでいたあのあそびの続きがしたい」ということだったりしたとき、ほかの子たちも昨日の楽しかったあそびを思いだし、自分も続きをやりたいという声が多くなるかもしれません。そうしたら、選択肢はクラスみんなのものになるでしょうし、その日の活動予定を変えることもありかもしれませんね。

もっとも、託して出かけたくても、園内にその子を託せるおとながいなかったり、とてもそんなことを頼める職員の関係がなかったりする場合も多く、職員配置などの保育条件や職場での子どものわかり合いができているかどうかによって、このような選択肢があるかどうかは変わってしまいますが……。

おとなの願い、子どもの気持ち

ある四歳児クラスでは、食事のとき、無理にぜんぶ食べることを強要しないで子どもの意志を大切にしようと考え、減らしたい人は、初めに先生に自分で言って減らすことにしていたそうです。

でも、その担任の先生は、できればぜんぶ食べてほしい、自分でちゃんと言えるようになってほしいと思っていたので、その思いをキャッチできてしまう子どもは、自分から減らしたいと言えなくて、でも、食べられないから嫌いなものをよけて残したり、食べきれないでぐずぐずと座っていたりする。

このことを話してくれた先生はフリーだったようですが、食べられないのは見れば明らか。「食べられないの？」と聞いたらうなずいたので、「じゃ、おしまいにしようね」と言うと、ほっとしていたそうです。でも、これでは担任の先生は納得できず、残してもいいよと言った先生が立ち去ったあと、「自分で減らしてと言わなかったのだから、最後まで食べようね」と子どもに言ったようで、その後、フリーの先生がいくら「残してもいいんだよ」と言っても、残すことができなくなってしまったそうです。

こんなふうに、おとな同士がわかりあえなくて、子どもも間に挟まり困ってしまうことも起きているといいます。

こうした事例で、おとな同士の関係の問題はもちろんあると思いますが、とくに問題なのは、担任の先生としては子どもの思い（嫌いなものがあるとか、量が多いとか）をきちんと配慮していると考えているけれど、子どもは自分の気持ちを十分わかってもらえていないと感じているというすれ違いです。

担任の先生にしてみれば、子どもに意思表示をする機会をちゃんともうけているのに、そのとき言わないのだから、あとで困るのは子ども自身の責任だと言いたいのかもしれません。このケースでは、子どもが気持ちを表明するチャンスをつくってあげていることで、おとなが子どもの思いを聞いていると考えていること、そしておとなは、子どもが自分で決めた分量やおかずは、ちゃんと食べてほしいと願っているという構図が見えてきます。さらに、言わなかった子どもが困る体験も、それを乗り越えて、自分で言えるようになることが、子どもの主体性が育つことだと考えているのかもしれません（推測ですが）。

ここで考えたいのは、このようなとき、子どもの願いを本当に聞けているのか、ということです。子どもは食べられなくて残したら叱られないかを心配し、先生は食べられない自分をだめな子だと思うのではないか、と気にしているのでしょう。その子どもの気持ちを察知し、心配しなくても大丈夫、食べきれないものを残してもあなたに失望なんかしないよ。だから安心して自分の本当の思いを出してほしい。子どもの思いをもっとわかりたいのだというのが、このときのおとなの願いであれば、気持ちをわかることが両者の共感につながり、子どもはわかってもらえた、安心していいんだ、と思えることになるし、おとなもこちらの思いが通じてこの子が安心できた、とほっとできるでしょう。

一方、嫌いなものでもがんばって食べられるような子であってほしいし、食べられないときは自分の責任で意思表示をきちんとできる子であってほしいというのがおとなの願いであったときには、両者はお互いの気持ちがわかったとしても、共感はできません。そうすると、あとはどこで「折りあいをつける」かという話になり、どちらも満足できないまま、また、解決もできないまま、毎日の食事の場面が憂鬱《ゆううつ》ということになってしまいかねません。

子どもに意思表示の機会を与える代わりに、そこで出さなかった思いは聞いてあげられないという決まりごとも、おとなの決めたルールです。そこで言わなかったけれど、食べられなくなった子どもがいるなら、このルールが本当に子どもの要求を聞くことになっているのか、決めたおとな自身が子どものようすから反省し、改善しなくてはならないのではないでしょうか。

子どもが気持ちをぶつけられる世界

保育園でも家庭でも、子どもは主張したらなんでも受け入れられる暮らしを送っているでしょうか？　子どもの主張を受け入れようとしているおとなのもとでも、子どもはなんでも好きにできる生活を送っているわけではありません。保育園に行くことはおとなが決めたことですし、保育園も好きなときに登園し、好きなときに勝手に帰っていいわけではありません。一日の時間の使い方も生活空間も限られています。食べるものも、今日は何が食べたいと選ぶことはできません。

だからこそ、おとなたちは、その時間や空間が、子どもにとって安全で安心で居心地よく、魅力にとんだものにしようと奮闘しています。それを条件として保育環境を整える努力や運動をしつつも、整わないからとあきらめず、子どもたちに最大限、選んで暮らせることを保障したいと思うのです。

子どもが「いや」とか、「あっちがいいのに」とか主張してきたら、まず、子どもが言いたい気持ちをぶつけてくれたことをよかったと思いたい。だって、それはみなさんを信頼しようと、子どもが少しでも思っている証なのですから。きっと子どもの本音が聞けて、おとなの世界も開けると思います。

「受けとめて切り返す」ってどんなこと？

「受けとめて切り返す」と言われたとき

子どもが要求や願いを出してきたとき、それが実現できれば子どももおとなもよかったと思えるでしょう。でも、実現できないとき、子どもは簡単にあきらめないで、繰り返し要求をぶつけてくることもあります。そんなとき、おとなは子どもに「あなたがそれを願っているのはわかった。けれども、その願いがかなわないこともあることを知ってほしい」と伝えることを考えます。そこでときどき聞かれるのが、「受けとめて切り返す」という言葉です。

ある保育園で子どものことを何人かで話していたら、ご飯のとき、ハンバーグをもっと食べたいと言ってきた子に、一度おかわりをしたその子には、がまんしてほしいと先生が言い、子どもはもっとほしいと泣いてごねたことが話題になりました。もっと食べたい気持ちはわかるけれど、がまんも覚えてほしい。「受けとめて切り返す」という言葉があるよね、と誰かが言いました。

別の事例では、子どもたちの散歩に行きたいという要求をあちこちと調整して実現し、子どもと一緒に喜ぶ若い先生が、園長先生に「ときには受けとめて切り返すことも覚えないとね」と言われたという話もあります。

またある臨時の先生は、最近下に赤ちゃんが生まれた三歳の女の子が、服を着替えるとき、「ぜ～んぶやって！」と言ってきた話をしてくれました。その臨時の先生は一つやるごとに、「あとはできるかな」と言っても、子どもはやってほしいと言い、すべてやってもらって満足したようだったといいます。どうして一回ごとに「あとは自分でやれるかな」と言ったのかという質問に、その先生は、子どもの「やって！」にやってあげていると、必ず横から「○○ちゃんできるよね、一人でやろうね」と、正規の先生の声がかかるというのです。

正規の先生たちは、子どもの甘えをすべて受け入れてしまうのは、子どもの自立にとってよくないのではないか、だから「受けとめて切り返す」ことが大事だと考えていたのかもしれません。

受けとめて切り返さなくても…

先生たちに「受けとめて切り返す」という言葉を聞いたことがあるかとたずねると、実際に自分が言われたという方が何人もいました。そしてそれは、すべて子どもの主張をそのまま受け入れることに対して、それではよくないというときに使われていました。

そのなかで、その言葉は初めて聞いたという方が二人いました。そのうちの一人は、二歳児のなかに、こちらがしてほしいことを、「やだ！」と言って、どうしてもやらない子がいて、さて困ったなと思いながら、「そうかあ、嫌なのねえ、そうなんだ……」とつぶやいていたら、急にしてほしいことをさっさとやったので、びっくりしたという報告がありました。そのとき、子どもの「やだ」に対して「切り返そう」とは思っていなかったということで、余裕があるときは、あえて切り返さないで受けとめっぱなしというのもありかな、と思ったとのことでした。

保育の補助をしているもう一人の先生は、ほかの先生たちの報告を読んだことで、対応を考えた、新しい経験をレポートに書いてくれました。

三歳のAちゃんが、お片づけのときに「先生、飛行機折って！」と言ってきました。「お片づけ終わったら」と言っても、聞く耳をもたず……。これは「強行突破しかないかとあきらめかけたのですが、みなさんのレポートが頭をよぎり、あーそれはだめだと再考。やっと、「わかった。でも先生、紙飛行機作ると、お片づけできなくなっちゃうから、代わりにAちゃんお片づけして。その間に紙飛行機折るよ」案をひねり出しました。すると、「わかった」とAちゃんが、いつにもましてきびきびとお片づけを始めたのです（後略）」。

この先生の提案を、Aちゃんが受け入れてくれたのも、また、「そうかあ、嫌なのねえ」とつぶやいていたら、子どもがやってくれたのも、テクニックとしてではなく、子どもの気持ちを思ってどうしようと悩んだことで、子どもが自分の気持ちをわかってくれたと思えたからではないでしょうか。

受けとめて切り返された子どもの思い

子どもの願いがおとなの望みと一致しなかった場合、つまり、おとなの側からすると、その願いは正当でない、無理だと思えるとき、さらには子どもにちょっと無理してもがんばってほしいと願うとき、おとなは「受けとめて切り返す」のを試みることが多いのではないでしょうか。

これは、子どもからすると、おとなに、あなたが願っていることはわかった。けれどもその願いは実現できない。なぜならその願いは不適切（少なくとも今は）だからで、そのことを身をもって知ってほしい、ということになるのではないかと思います。

これは、結局、おとなに決定権はすべて握られていて、自分から選んだり決めたりしたように見えても、おとなの意にそわなければ実現しないということです。おとなとしては、気持ちはくんだつもりかもしれませんが、そういう状況では、子どもは自分が認められているとは思えないでしょう。

ある五歳児クラスで、お泊り保育を控えた数日前の話しあいで、「お泊りしたくない」とMくんが言ったとき、ほかの子が口々に「みんなでカレー作るんだよ」「買い物行くよ」などと言ったのですが、Mくんは嫌だと変わりません。夜、さみしいのかなとも考えて、先生たちもみんないるから安心してと話しても、やはりだめです。そのうちMくんが「ママ、迎えに来るかな？」と言ったのです。先生には思いもよらないことだったそうです。そして、ほかの子たちに聞いてみたところ、「私もお泊りや・だ。だってママがお迎え来ないかも」という子が出てきました。

お迎えは大前提とおとなは考えていても、子どもはそれが不安だったのですね。子どもがどう思っているかは、やはり子どもに聞いてみないとわからないと思ったとのことでした。

「受けとめて切り返す」というとき、「切り返す」方向はおとなのなかで決まっていることが多く、あとは、どううまくそちらの方向に子どもの気持ちを向けていくのかが、保育の腕の見せどころ（？）のようになってしまいがちではないでしょうか。

Ｍくんが主張したからお泊りはやめようとか、Ｍくんは来なくてもいいよ、というわけにはたいていはいきません。でも、その嫌だという気持ちを、さみしいとか不安は多少あっても当たり前、どうやって乗り越えさせようかとおとなが「切り返す」ことをしないで、どこまでも徹底してＭくんの気持ちをわかろうとしたことで、Ｍくんだけでない、子どもたちの本当の不安をつかむことができたのではないでしょうか。

「切り返す」を超えた展開を

子どもは発達していくなかで、願いも成長していきます。自分のなかで、ありたい自分と現実の自分とのギャップで苦しんだりもしていくでしょう。自分がそのときの自分を精いっぱい出せること、それを本当に大事にしてもらえる人間関係のなかで、子どもは自分なりに時間をかけて、ときにはぶつかり、ときにはわかっているけどどうにもできない自分と向き合い、せつなかったり、悔しかったり、うれしかったり、たくさんの思いを経験していきます。その時その時を自分で迷い、悩み、選び取ることを通じて、よりよい自分とはどんなものか、なりたい自分を自分でつくっていくのだと思うのです。もちろんたくさんの助けを借りながら、ではありますが。

おとなは、その矛盾しているかもしれない子どもの内面を時々見せてもらいながら、子どもたちと一緒に、その時その時の解決を探していく存在なのではないでしょうか。

おとなが「切り返す」のでなく、子どもが自分で判断していける関係を子どもたちと築いていく保育は、めんどうは多いかもしれませんが、きっと予想を超えた展開がいろいろ出てきて、枯れることのない泉のように、子どもたちだけでなく、保育者のことも潤してくれる、と考えるのは私の妄想でしょうか。

保育のなかの「みんな一緒に」を考える

保育園での「みんな一緒に」という圧力

保育園の友だちは、子どもたちにとってかけがえのないものでしょう。だから「みんな一緒に」いろいろな活動をすることを、一日のなかで大切に考えている園も多いと思います。

その一方で、一緒に行動に参加しない子どもがいたときに、なんとか参加できるようにと苦心して、その働きかけに子どもが応じるとほっとするけれど、それでよいのか、子どもの気持ちは？　と、悩んだり、迷ったりすることもあるのではないでしょうか。

悩みでまず出てくるのは、行事のときでしょうか。たとえば運動会の種目や発表会で、クラスで劇やうたなどをやることになったとき、やりたくないという子や、実際にやろうとしない子が出てくることもありますね。初めはやりたくないと言った子どもでも、友だちが練習しているのを見ているうちに、やってもいいと思うようになったり、先生の誘いに応じたりして、みんなで一緒にやれるようになる、ということも多いし、やらない子がいてもよいとおおらかに（？）かまえて行事に向かう先生もいます。

でも、どんなにくふうをしてもやらない子どもが出てきたとき、私たちはどのように対応しているでしょうか。

子どものことを大切にしたいと考えると、どうしてやりたくないのかを知りたいと思いますが、子どもがきちんと説明してくれるとは限りません。思いはあっても言葉にするのは難しいし、本人も何が嫌なのか明確になっていないこともあるからです。

時間がせまっていたりすると、おとなとしてはいろいろ質問して、子どもがやっと発した言葉を、その場で説得の材料に使ってしまったりしがちです。たとえば、「だってできないもん」と言った子どもに、「大丈夫！　練習すればきっとできるようになるよ。先生もみんなもていねいに教えてあげるからがんばろう」と励ますなど、子どもの思いはそんなこととも違っていたりして……。

そして四、五歳児クラスになると、自分が嫌なことでも、それから逃げずに立ち向かっていき、みんなで一緒にやりきったとき、初めて達成感を感じて成長できると考える人も多いかと思います。

「みんな一緒に」における、悩みや迷い

ある五歳児クラスでは、運動会でやりたいことが分かれたため、今年は太鼓チームと竹馬チームなど、希望によっていくつかに分けて披露しようと担任が考えたところ、会議で、みんな一緒にやったのでなければ年長の運動会としては意味がない。保護者にも納得が得られないと言われてしまい、例年と同じになりました。担任の先生は、そのとき、おとなの決めた「みんな一緒」は、本当に子どもに達成感や連帯感をもたらすのだろうか、と疑問に思ったそうです。

その先生のお話では、お泊り保育のとき、子どもたちから「海賊船を作りたい」という要望が出たことがあったそうです。「作る人、集まろう」と呼びかけがあったとき、主張していた子たちだけが来るかと思っていたそうですが、作り始めたのを見て次々と友だちが参加していき、結局、とくに誘ってもいないのに全員が集まったといいます。そして、あそこはこうしようとか、アイデアを出しあって夢中になって海賊船を作っていったそうですが、その姿はまさに「みんな一緒」の達成感を感じているようだったそうです。

また、日々の暮らしのなかでは、よく出てくるのが朝の集まりでしょうか。

朝の集まりは、やらない園もあるし、そのクラス、グループの子どもたちの登園の状況や朝のあそびのようす、日課のつくり方などによって異なっているかと思いますが、子ど

もたちと顔を合わせて一人ひとりの今日のようすを見るチャンスとしても、また、子どもが友だちや今日の見通しを確認する場としても、大切にしている先生も多いでしょう。

一、二歳児クラスを担任するある先生は、朝の集まりはうたを歌ったり、お話をしたり、自分にとっても子どもたちにとっても楽しい好きな時間だといいます。でも、なかには集まりに参加してこない子もいる。

その日たまたまあそびがやめられないので来ない子とかもいるけれど、いつも輪の中に入ってこない子もいて、「入りたくない」気持ちを受け入れながらも、いつまでもそれでよいのだろうか、と考えることもあったそうです。

でも、子どものようすを見ていると、輪の外にいる子でもみんなのことをよく見ていて、子どもによっては、友だちが自分の隣を指して、「ここ空いてるよ」と言うと入ってくる姿もあるし、輪の中には入ってこないけれど、何をしていても、名前を呼ぶと「はーい」と元気に返事をする子もいるといいます。

「輪の中に入っていないという点では、みんなでではないかもしれないけれど、ちゃんと朝の集まりの進行に意識があるんだな、それならこれでも参加しているよな、と思うようになりました。つまりは、その子が一緒感を味わえているかどうか、そこがおとなの思いとは少しずれたりするような気がします」とその先生は述べています。

保育者が願う「みんな一緒に」って？

私たちはもちろん、どの保育者も、子どもたちが「みんな一緒に」という思いを大切に育てていくことを望んでいないわけではありません。ただ、おとなたちの描く「みんな一緒に」が、形としての「みんな一緒に」になりがちで、いつのまにか「いっせいに同じことを」という思考になっていき、子どもがそうした活動から外れたとき、ちゃんと育っていない、と決めつけてしまうことには気をつけたいと思うのです。

ある先生が、二歳児のMちゃんの話をしてくれました。Mちゃんは食物アレルギーがあり、みんなと同じものが食べられない毎日だったのですが、ある日、Mちゃん用に作られたホットケーキのおかわりが残っていました。先生がMちゃんに、「Mちゃん、このホットケーキ、みんなにあげてもいい？」と聞いたとき、Mちゃんがなんともうれしそうな顔をしたのだそうです。そして、はりきって自分でお友だちにホットケーキを配って歩いたとのこと。いつも「みんな」と別でがまんしなければいけなかったMちゃんが、Mちゃんに「みんな」を合わせることで、Mちゃんに「一緒」を味わってもらう。その先生は言います。「小さなことでしたが、それ以降、自分でも肝に銘じています。みんなと一緒、というと、全体に一人を合わせる方向にもっていきがちですが、こんな一緒もあるんだなと思いました」。

「みんな」の中身は一人ひとり違う人間で、違うことを感じ、異なる願いや考えをもっていたりします。そして、それは優劣などなく、どれも大切な存在です。そんな「みんな」が、一緒がいいなあと心から思える毎日の暮らしをつくるのは大変なことですが、前述の海賊船の例のように、本当はそれほど難しいことではないのかもしれないと思うことがあります。

それは、子どもの誰かが「やりたくないこと」を表明してくれたとき、おとなが、なんとかおとなの望む方向に「みんな」をもっていこうとすることを断念（?）して、今、おとなが提案したことを、子どもたちは（○○ちゃんは）どう思ったのか、本当は別の提案をしたい子どもがいるのか、子どもたちに聞いてみることです。そして、そのいろいろを受け入れる範囲を広げたり、違う枠組みをおとなと子どもで考え直していく。もちろん、何も枠がないように暮らすことはできませんが、違いがあるから世界が広げられると考えると、生活や活動がスムーズにいかなくてもあせらなくてすみますね。ただし、そのためには、どの人のどんな小さい声も（または声に出せない思いも）キャッチし、考えあえることを子どもたちに保障していかなくてはならないでしょう。

その積み重ねは、きっと子どもたちに「みんな一緒に」というつながり、かけがえのなさを確信させてくれると思います。これは、じつはおとなたちに課せられた責任であると同時に、私たち自身も連帯をつくりだしていく鍵なのではないでしょうか。

子どもの思いに共感するって？

子どもへの共感が難しい

保育の世界で、子どもと関わるとき、子どもの気持ちをわかり、共感することは大切だといったら、違うという人はあまりいないかと思います。

たとえば、朝の登園時、まだ保護者と別れたくなくて泣く子がいたとき、保育園の先生は「泣くな！」と叱ったりはしませんよね。そして、泣いている気持ちに共感し、抱っこしたり、園で飼っているめだかを見せたり、膝に乗せて絵本を読んだりして、この場所も大丈夫と思ってもらえるよう努力するのではないでしょうか。

でも、なかなか共感が難しいこともありますね。ある保育園で、三歳児クラスのＳくんについて先生たちは気にしていました。友だちのあそびをのぞいてはぐちゃぐちゃにしてしまい、また別のところへ行くけれど、すぐ離れていくという具合に落ち着かないし、あそべていないのです。おにごっこでも自分がつかまりそうになるとやめてしまい、みんなもSくんとあそんでもおもしろくないようすです。注意してもへらへら笑って逃げていく……。先生たちは、話しあいをもちました。ここに書いたようなSくんの行動がクラスと関係なく、どの先生からも次々出されました。

ところが、一人の若手中堅の先生が、「ずっとSくんの気持ちになって聞いていたんだけど」と話しだして、こんなに問題と思われて先生たちから注意されてばかりいるSくんて、どんな気持ちだろうと思って……と発言したのです。その場のみんながはっとしたのが、一緒にそこにいた筆者にもわかりました。そして、別の先生が、今日の朝、Sくんに対して注意したことを出してみようといい出しました。出しあってみると、その日の午前中、四〇分くらいの間に少なくとも八回、注意されていたことがわかりました。そんなに言われてばかりじゃ嫌だよね。Sくんがおもしろい、楽しいと思えるあそびを見出そうということになったのです。

翌日から先生たちは、Sくんがおもしろいと思えるあそびを探し始め、あとから、Sくんが信じられないくらいに変わったと聞きました。

きっとSくんが変わったというより、先生たちのSくんを見る目が変わったことで、Sくんは自分が受け入れてもらえている、と感じたのでしょう。

「でもね」が、後ろについてくるとき

ものの取りあいで、叩いたりかみついたりが起こったとき、叩かれたりかみつかれたりした子には、「痛かったたね」「叩かれて嫌だったたね」と誰もが言うと思います。また、かみついた子にも、「おもちゃ取られて嫌だったんだよね」など、その子の気持ちに共感を示したりしますよね。そして先生たちは、叩いたりかんだりしてはいけないことをわかってほしくて、「でも、かんだら（叩いたら）お友だちは痛いよ。ほら、痛いって泣いているよね。かんだりしないで、取らないでってお口で言ってね」と続けるかと思います。

このような場合、かんだほうの子どもが憮然としていたりする姿が見られることはありませんか。痛かったことを共感してもらった子どもは気持ちが収まっても、かんだことをいけないと言われた子どもは、共感してもらえたと思っているのでしょうか。

叩いてしまう子どもの気持ちもわかってあげなくてはと思うのですが、実際には、またあの子だ、困った子だと思うと、共感することができなくなっていきます。その場合、「嫌だったんだよね」という言葉は前置きで、叩いてはいけないという本当に言いたいことは、言い聞かせることになってしまいます。

共感することが大切とわかっていても、いけないことは教えなくてはと思うとき、「気持ちはわかった。でもね……」と。そして、子どもは、「でもね……」と聞いただけで顔

がくもり、先生に心を開くことができなくなってしまうのだと思います。おそらく子どもは、叩くのはいけないことだとわかっているのだと思うのです。でも、やってしまうにはそれなりの思いがあるので、その気持ちをわかってほしいのではないでしょうか。

一方でおとなは、せっかく気持ちをくんだ声かけをしたのにと思って、さらに子どもとおとなの気持ちはすれ違ってしまうといったことになりがちです。

心からの共感は、どうしたら得られる？

子どもの共感を得るということで、いつも思いだす先生がいます。若い先生でしたが、子どもたちはその〇先生が大好きで、給食やおやつのとき、隣で食べたいと予約がいっぱいでした。〇先生が子どもの話に「そうなんだ」と言うとき、そこにはなんともいい空気が流れるのが不思議でした。

あるとき、〇先生にたずねると、「子どもが抱っこして抱っこしてと言ってくる。それを見ていると、ああ、本当に抱っこしてほしいんだなあってわかってくるのね。そうしたら、抱いてあげたいって自分も素直に思えるし……。そんなとき保育って楽しいって思う」。

下心（?）なく子どもを見つめ、子どもの思いを心からそうだなと思えることが、子どもたちも、自分も、まわりのおとなも、みんなをほっとさせているのですね。

実践は難しいことかもしれませんが、方法としての共感ではない心からの共感は、子どもの気持ちを本当に感じること、気持ちの真実をいとおしむことから生まれると学びました。

共感の前にある現実の場面

クラス全体で行動する際に、それに従おうとしない子どもがいたとき、その子どもに共感するといっても、実際には無理と思う場面も多いかもしれません。

補助でクラスに入っているB先生が、その苦悩を語ってくれました。三歳のAちゃんが先生に「ご飯だからお片づけしよう」と言われて、「まだあそびた～い、ゴミ収集車やりたい」と泣きだしました。よくそうした姿が見られるので、担任の先生はAちゃんが持っていた遊具もさっと片づけてしまい、Aちゃんはさらに大泣きに。補助のB先生が「段ボールもらってきてゴミ収集車作ってあげるから、待ってて」とAちゃんに声をかけると泣きやんで、片づけているB先生のそばで、作ってもらう収集車のイメージを説明し始めました。

B先生は「うん、うん」と返事はしているけれど、部屋の片づけと食事の準備に追われ、あまりていねいに聞けていなかったといいます。でも、食事の間になんとか段ボールに画用紙を貼りつけてゴミ収集車を作り、ご飯のあと、それでAちゃんと少しあそんだそうです。その車はほかの子と取りあいになり、最後はその車を秘密の棚に隠すと約束して、昼寝までなんとか泣かずにできました。

B先生は、Aちゃんの思いを実現したのですが、自分では、なんとか大泣きしないで片づけから食事、そして昼寝までスムーズにもっていきたいというのが本音の気持ちで、Aちゃんの思いに共感できていないような気がすると話していました。

子どもの気持ちを大切にしたいと願っているから、B先生はAちゃんの願いをかなえようとがんばったわけですが、スムーズに生活がいくように、トラブルになりそうになると、なる前にうまくそれを回避する関わりをすることに一生懸命になってしまいがちな自分の気持ちも、正直に見つめて悩んでいたのです（貴重な話が聞けました）。きっと、トラブルを避けたいという気持ちが混じっていなかったら、一緒にあそんだAちゃんのうれしい気持ちや、そこからのあそびの発展の芽などをもっと見ることができて、B先生自身も力が湧いたのではないかと思います。

何に共感すればいいのかわからない…

ある園で、子どもに共感しなくてはと思って、友だちを叩いた子に、「叩きたかったんだね」と言ったり、子どもが物を投げたとき、「投げたかったんだよね」と言っているという話を聞きました。その園では、園内でそのことについて話しあいをしたそうですが、何に対して共感すればいいのかがわからないという声も出たといいます。

この話を聞いていて、二つのことを考えたいと思いました。一つは、子どもが表している行為そのものではなく、「そうした行為で表現している子どもの気持ちはどういうものなのか」をわかろうとすることが大切だということです。

物を投げた子どもは、そのとき、どんな気持ちだったのでしょう？　うまくいかないいら立ちを、そうした形で出しているのか、切ない思いからきているのか、自分に気づいてほしいのか、やってみたかったのか……。表れた行為の奥にある思いに気づけたとき、おとなは子どもの気持ちがわかって、「〇〇が嫌だったのかな」とか、「寂しかったね」など、共感する言葉が自然に出てくるのではないでしょうか。簡単にわからないこともありますが、わかろうとして、その子の日々の生活や思いを注意深くたどっていければ、気づけることも多いのではないかと思います。

もう一つは、「共感は、しなくてはいけないといってするものではない」ということです。関わりの技法としての「共感」は、どこか不自然で、子どもには見抜かれてしまいます。第一、おとな自身がそう思えていないと気持ちよくないですよね。私たちは、子どもが安心して思いきり自分の思いを出し、楽しく、充実した日々のなかで成長できることを願っています。だから、本当の気持ちを知って、何かできることがあったらしたいと思うのです。

目の前の子どもがどんな思いでいるのかが少しでもわかったとき、私たちはそのことを、その子と共有したいと感じるのではないでしょうか。そこから生まれるのが共感であり、本当の共感は子どもに伝わり、重ねていくうちに信頼関係の源になるでしょう。こうした関係をおとなも子どもも大切に育てていきたいですね。

第3章

子どもが暮らしの主人公って？

子どももおとなも安心できる暮らし

保育園の食事を考えてみる

「おかわり」と「ピカピカ」

保育園の食事で、日々奮闘中の保育士さんたちと話しあっていたとき、みんなが共通して悩んでいたのは、「残しているものがあっても好きなものをおかわりしてよいか」という問題でした。

これは、完食することへのこだわりと関係していて、なんでもよく食べる子はよいのですが、たくさん食べられない子や嫌いなものが多い子、食べるのがゆっくりの子は大変になります。

完食にこだわった場合、おかわりは、自分に盛られた食事をすべて食べきった場合に初めて認められることになります。そうすると、今残っているご飯をおいしく食べるためにも、おかずをおかわりしたいといった、家庭などではふつうに行われていそうなおかわりはだめということになり、今日は唐揚げをおかわりしたいと強く願ったら、みそ汁もご飯もおひたしの野菜も急いでがんばって食べきらなければいけないことになるのです。そして、嫌いなものがあって、とてもすべて食べきれないと思う子は、唐揚げが大好きでも、おかわりをあきらめなくてはなりません。なんだかおかわりのこと一つとっても、楽しい食事とはいえなくなってしまいそうですね。

以前、『さんりんしゃ』（三多摩公立保育所連絡会の機関誌）に、埼玉の保育園の富島俊昭先生が「ピカピカ」にこだわる子のことを書かれていました。担任には食べられないことはわかっているので、「残してもいいんだよ」といくら話してもがんばり、残菜の入れ物に減らしにいくことを認めたら、減らすことで最後は器を空っぽにすることができてほっとしている姿でした。完食して器が空っぽになることを、「ピカピカにできたね」とおとながほめることで、食べきれない子は自分をふがいなく感じてしまうのではないか、自分もピカピカにしたとほめられたいと思うのではないか、そうしたことをどう考えますか？　という問いかけだったと思います。

食べきれないことに引け目を感じてしまうと、食の細い子や嫌いなものが多い子は、毎日がずいぶんつらいのではないでしょうか。

「ひと口だけ食べてみない?」を考える

自分が嫌いと思っている献立だったとき、初めから減らしてよそうようにするとか、自分で選んで盛りつける(嫌いだったら自分のお皿には取り分けないことも含めて)ことが行われているクラスは、嫌いなものや食べられないものを前にして、子どもが立ち往生することはないでしょう。でも、嫌いなものはまったく食べなくてもいいの? という疑問が出てきますよね。

また、無理強いはよくないけれど、「ひと口でいいから食べてみない?」とすすめることが、食事の指導として適切だと考えている方も多いと思います。筆者も、わが子たちが保育園児だった何十年も昔、そう言っていたように思います。でも、なるべくその言葉を言わないようにしている保育園に出会い、初めてこの言葉について考えたのです。

その園では、子どもが食べない場合、なぜ食べないかの理由がきっとあるはずなので、それを自分たちがわかろうと関わることが大事だと思っていました。午前中が楽しくあそべなかったときや、けんかして気持ちが収まらないとき、あの友だちと一緒に食べたいという思いがかなわなかったとき、おうちのことで心配ごとがあったとき。そして、その食べものが好きでないとき! どんな理由であっても、そのとき子どもと関わる言葉が「ひと口だけ食べてみよう」では、子どもとわかりあっていく会話にはなりません。子どもは、そのときの自分をわかってもらうことと関係なく、今、これをひと口食べれば認めてもらえるということを学ぶでしょう。どうしても食べられないときは、そっと床に落としたり、コップの袋など自分の持ち物にこっそり詰め込んだり、隙を見て（？）ゴミ箱に入れたり、ということも起こったりします。

逆に、気持ちを聞いて解決できたなら、言わなくても子どもは自分から食べるでしょうし、具合が悪かったり、嫌いなものだったときは、ひと口だって口に入れたくないでしょう。食べず嫌いだから、試してみてとすすめられて、口に入れたとしても、言われてしかたなくすることなので、やはりあまりうれしくないでしょう。もし、それで、せっかくのおいしいものとの出会いが遅れたとしても、自分から試してみようと思って口にするのを待っていてもよいのではないでしょうか。ほかの友だちや先生がおいしそうに食べているのを見ていたら、そのチャンスはどこかできっとやってくるでしょうから。

おいしいものを食べる幸せ

私たちは、好き嫌いをしないで食べることがよいことだと教わってきました。でも、本当は、ご飯をおいしいと思って食べられる人に育ってほしいのではないでしょうか。それぞれの食べもののおいしさを味わえるようになるなら、食事はいつでもどこにいっても楽しみなことになります。これは、嫌いなものでもがまんして食べることがよいことだ、ということとはまったく違うことなのです。

まず、食べものの好みは人によって違い、簡単にはわかりあえないということを確認することが大切と考えます。そしてそれは、良いとか悪いとかではないのです。たとえば納豆大好き人間には、あのにおいだけでもウッとなってしまう人の感覚は理解できないでしょう。好きな人にとっては、本当はおいしいんだからひと口だけでも食べてごらんよ、と思うのですが、嫌いな人にとっては、そのひと口が地獄のつらさだったりするのです。そして、そのことそのものは、わかりあえないものではないでしょうか。それでも人は、自分が嫌いなものを食べさせられるときの苦痛を思い、ほかの人の思いを自分の体験と重ね合わせて理解しようとしていきます。その意味では、わかりあえなさも、わかりあおうとする関わりを生む可能性ももっているのです。

ある保育園の一歳児クラスで、それまではなんでもよく食べていた子どもが、これはいや、あっちがいいと言い出してきたとき、好きとか嫌いとかが表明できるようになったね、と担任同士で喜びあい、好きなものをたくさん食べられるように、おかわりも用意していると聞きました。その園も以前は、そうした姿を示す子どもたちに、あまり好まれない野菜のお皿を初めに出して、これ食べたらお肉あげるよ、と言っていたそうです。でも、みんなで学んでいくうちに、ちゃんと意思表示している好きなお肉を、条件などつけずに食べさせていくことが、自分で選んで生活をつくっていくことを育てるのではないかと考えるようになり、食事のあり方を大きく変えていったと話してくれました。

食事って保育そのもの！

振り返ると、食事の場面では、子どものことがとてもよく見えます。友だちと今日は一緒でないけど、どうしたのかなとか、この頃おしゃべりに夢中で、仲間といることのうれしさがこぼれるほどなんだな、とかです。嫌いなものがあったときにどうするかを見ると、日頃の保育までが見えてきます。

毎日必ず繰り返される食事が、とにかく食べさせなくては、という忙しく大変な場面とだけとらえてしまうと、これが嫌いだとか、友だちの隣をめぐるけんかだとか、すべてが不必要な、困った出来事のように見えてきてしまうでしょう。でも、その一つひとつに子どもの思いや保育のありようが込められているとしたら、こんなに見えやすく、子どもの思いや保育を見直すのに適した場面もありません。あそびでは子どもの主体性を大切にしようとするのに、食事場面では、なぜかおとなの願いや都合を押しつけてしまいがちになるのは、食事を保育としてとらえにくいからなのではないか、と勉強会でも話題になりました。

養護と教育が保育の場面で切り離されてしまいがちなこの頃ですが、まさに食事は保育そのものと思って、わがクラス、わが園の食事を考えてみませんか？　保育の人の足りなさから、それどころではない！　というのが現状かもしれませんが。

保育園の午睡の悩みを考える

保育園の午睡、寝ない子が悩み？

保育園を卒園した子どもたちには、保育園での楽しい思い出もたくさんあると思いますが、嫌だったことは？　と聞くと、「お昼寝！」と答える子がけっこういます。

子どもの二四時間の生活を考えたとき、保育園での午睡は子どもの健康と成長にとって必要だと多くの人が理解しています。そのなかで先生たちの悩みはなんといっても、寝ない子のことではないでしょうか。

睡眠には個人の違いが大きく、寝ない子はいつもだいたい決まっていて、布団に横になって静かにしていてと話しても、すぐに起き出して歩き回ったり、大きな声を出したり、友だちにちょっかいを出したり……眠ろうとしていた子どもまでが起きてしまい、騒動になることも。筆者も、たまたま訪問した保育園で、騒いでいる子が布団ごとベランダに出されて戸を閉められている姿を目撃したことがあります。子どもはしょんぼりして布団に座っていました（しばらくして先生が部屋から出てきて、布団ごと室内に戻っていきました）。

また、いつも寝ない子に対して一対一で寝かせる担当になった先生が、毎日、どうやっても寝てくれなくて悪戦苦闘し、午睡が近づくと逃げたい気持ちになったという話もあります。寝かせられない保育士は、保育士としての能力がないといわれて、つい子どもに厳しく当たってしまうという声も聞きました。子どもだけでなく、おとなもなかなかつらい思いをしているのですね。

子どもの側から考えると、しばらくゴロンとしていたら、あとは眠れない子は起きて別の場所であそんでもよいのだと助かるのですが、午睡の時間、二時間くらいずっと布団に入っていなくてはいけないのだとすると、これはずいぶん苦痛ですね。いくら言われても、無理に眠ることは難しい。もちろん、横になっているうちに眠くなって寝てしまうこともあるでしょう。それなら眠れたのでよいのですが、眠れないことを注意されても、子どもはどうすることもできません。寝たふりをして、目をつぶっているのが苦痛だったという卒園生の声もありました。

ある保育園で午睡時間に保育室を見ていたとき、静かに寝ているように見えた子どもたちのうち、一人の子の片足だけがすっと上がって驚きました。少しすると元に戻るのですが、また上がる……眠れていない子がすることがなくてやっていたようでしたが、無言の子どもの訴えかしら、と思ってしまうような場面でした。

午睡は、子どもの気持ちが見えるとき

保育園によって子どもの寝かせ方は違っていますが、そばについてやさしくトントンしたり、背中をさすったり、手に触れたりしている先生たちも多いかと思います。トントンしてもらう順番を競ったり、あの先生にしてほしいからと、ほかの先生の申し出を断って眠らないで待っている子がいたりする姿もよく見られます。

考えてみれば、午睡の始まりの時間は、長い保育園の一日のなかでも、子どもと先生が一対一でゆったりと触れあえる数少ない時間です。大好きな先生と、じかに文字どおり触れあって、安心できることで穏やかな気持ちになり、身体の緊張もやさしく解けていく大事なひとときですね。

子どもはよくそうやって心地よい眠りにつく手前のところで、ぽろっと、さっきは聞いても言わなかったことをつぶやいたりもします。また、元気そうに振る舞っていても、大きな不安やさみしさを抱える子どもは、なかなか緊張がほどけず、自然な眠りに入っていけなかったり、先生が自分のそばから離れるのが心配で、先生にしがみついて離れなかっ

たりします。

午睡の時間は、そんな一人ひとりの子どもの状態がわかる機会であり、そうしてつかんだ子どもの気持ちに直接そっと触れて、気持ちを大切にする関わりができるチャンスなのではないかと思うのです。

「午睡も保育」だと気づくこと

ある園の二歳児クラスでのようすを、レポートに書いてくれた先生がいます。このクラスでは、午睡のとき、心地よく寝られることを考えて、子どもが自分で選んだ絵本を持って布団に入ることを認めていました。そして、一人ひとりに先生たちがそれを読んであげて眠るようにしていたそうです。ところが、時間がかかるうえに、先生に読んでもらうのを待っている子どもがあちらでもこちらでも起きあがってしまったりして、なかなか眠る雰囲気になりませんでした。

先生たちは話しあって、眠くない子は空き部屋であそんでいて、眠い子、眠そうな子から順番に「○○ちゃん、ご本読もう」と誘って、自分で選んだ絵本を持って先生と布団に行くようにしたところ、満足して眠れる子が増えたそうです。「時間もかかるのですが、いっせいに同じ部屋にいてうるさくして叱られてしまうより、どれだけ、子どももおとなも気が楽かわかりません」と、その先生は書いています。

なぜ、寝かせようとあせるかといえば、午睡の時間は、しなければならないことが増えていて、先生たちの休憩、食事のほかに、連絡帳、クラスだよりを書いたり、打ち合わせや会議があったり､行事をどうするのかを考えたり、ほかにもいろいろな計画や報告といった各種の書類書きなど、やることが山ほどあるからでもありますね。やることが多すぎるうえに午睡を見守る人手が足りず、休憩が取れないという声も聞かれるほど、現場には余裕がありません。

でも私たちは、午睡の時間だからこその子どもとの貴重なひとときを大事に過ごすことを、「午睡も保育」だと明確に位置づけることから出発して、人手の思いきった増員の要求など、午睡時間にやることを詰め込まなくてもよい道を切り開いていく必要があると思います。

保育園での片づけをどう考える？

いつ、どんなふうに片づけている？

保育園の中で毎日、何度もある片づけ。自分の園なりにやれていて、なぜこれがテーマになるの？　と思われる方もいらっしゃるかもしれません。でも、個人の生活的な「常識」で決めたりしがちな片づけも、保育として意識してみると、考えることがいっぱいあるように思います。

研究会で、どんなときに片づけているか、まず聞いてみました。

朝登園してからクラスで朝の集まりをするまで、子どもたちはあそんでいるわけですが、クラスに入る前に、園庭やあそんでいた場所の片づけをしています。クラスで集まりをして、その後、その日の活動をして、お昼ご飯の前に片づけます。ご飯を食べ終わってから布団に入るまで時間がある園では、寝る前、絵本や紙芝居を読む前にもう一度片づけます。お昼寝から起きておやつにするときにも片づけます。おやつを食べて食器を片づけ、あそんだら片づけて、したくをして帰りの会をします。そして夕方、遅番体制になると、部屋を移動したり、園庭に出たりと、あそぶ場所をある程度限定した保育のなかで、夕方残る先生と引き継いだ先生が、お迎えがきた子どもにあそんだものを片づけるように、うながし続けることになります。

このように、たいていの園が、活動の区切りや使う場所の区切りで片づけをしていました。そして、多いクラスでは一日七回、それほどでなくても四～五回は片づける場面がありました。

また、片づける中身も、すべてすっかり片づける（使い始める前の状態に戻す）場合と、あとで続きをやりたいと子どもが言ったときは残しておく（お昼寝のあとまでなのか、明日までなのか、今週いっぱいもありなのかは、園やケースによる）場合と、ずいぶん違いがあるようでした。

片づけ方にもかなり違いがあり、大きめのおもちゃの箱にままごとも車もお人形もなんでも入れてしまい、どこか（たとえば高い棚の上など）にしまう方法や、ブロック、パズルなど、それぞれをきちんとケースにしまう、という方法もあります。また、ままごとはままごとコーナーに、人形は棚に座らせ、車や電車は棚に並べて、風呂敷や布は引出しやかごに入れるようなしまい方もあります。絵本は、最近では本棚だけでなく、ベンチやカーペットで読書コーナーをつくっている園も多くなっているようです。

片づけは誰がやる？

誰が片づけるのかということでは、多くの園で、子どもの年齢が小さいうちは、「片づけようね」と言いながら、実際にはおとなが中心になって片づけたり、ゴミ収集車などあそびにしたりしているようでしたが、三歳以上では、基本的にはあそんでいた子が自分の使ったものは自分で片づけることを目指していました。そのことを習慣づけたいと強く願う園では、すっかり別の場所で別のあそびに夢中になっている子どもを捜し出して連れ戻し、さっきの片づけをさせるということが行われていたりしました。

保育者としては、そこまでしなくてもという思いと、片づけの決まりを守ってほかのあそびに移っている子どもたちの手前もあるし、ちゃんとしつけなければという思いもあって、迷いながらやっている人もいるようでした。このやり方では、何人もが関わったあそびの片づけを、やる子とやらない子が出てくることや、誰が出したものか子どもたちに聞いてもわからない、子ども同士で先にあそんでいたのは○○ちゃん、でも今あそんでいた△△ちゃんだって片づけるべき、といったトラブルになったり、自分はそれであそんでいないから片づけない、関係ないと言われる、といった悩みもありました。

そして、片づけるたびに何度も、これは誰が使っていたのかを確認しては片づけるように、繰り返し言葉をかけていく（なかなかやらない場合は注意する）ことは大変なうえに、片づけ自体が進まないことが多いため、この時間帯はこれだけと、出すおもちゃやあそべる空間を制限することが、日常的に行われていたりすることも出されました（朝や夕方はこの部屋だけとか、この時間帯は乳児以外は全員園庭に出るとか、ホールを使う時間、使わない時間を細かく決めるなど）。

このように見ると、片づけを考えることは、園で子どもたちがどんなふうにあそぶのかという願いや、どんな暮らしをつくるのかを考えることなのだとわかります。

片づけるってどういうこと？

私たちが生活するとき、毎日を気持ちよく、自分であそびや暮らしを選びやすくしていくには、一つの活動で使うために出したたくさんの道具やおもちゃを、元に戻して別のこともできる空間を確保したり、次に使いやすくしまっておくことが必要ですよね。

何年か前の保育学会で、「片づけることは、使っている間は使っている子どもに使用権があったけれど、それをみんなのものに戻すこと」だという位置づけがなされて関心を集めました。たしかに使っているときはその子の使用権（?）が認められているけれど、片づけたらその子のものではなく、園の友だちみんなのものになるというのもうなずけます。

ただ、おとなはそう思っていても、子どもはその境目のとらえ方が違っている場合もあるでしょう。あそんでいてちょっと離れていたけれど、ほかの子が使おうとしたら使用権を主張する子と、でも今使っていなかったじゃないかと言う子のトラブルになることもしょっちゅうです。

でも、あの場所に大好きなあそび道具があって、あそびを一緒におもしろがれる友だちがいる。だから今日も、あれをしてあそぼうと子どもが思えることに、片づけが役立つことが大切です。ちょっとあそんだら、すぐ片づけることばかり要求されるために、落ち着いて満足にあそべなかったり、魔法か悪夢のように、いつのまにかあそんだものがどこかに見えなくなってしまい、自分では選べないで、おとなに許されたときだけ、急に空間にあそぶものが出てくるという受け身な暮らし（極端な言い方ですみません）では、子どもは自分からあそびを見つけ、夢中になってあそびをつくっていく力を育てられないのではないでしょうか。いろいろな物を使ったり作ったりして、あそんだことの責任を取る（？）ような感じで「片づけ」と言われると、片づけることは苦役としか思えなくなってしまいます。

自分たちであそびを選び、たっぷりあそぶことを保障されることで、子どもはあそびを満喫したあと、主体的に片づけることができるのだと思います。そうすることで、自分たちで暮らしをつくっていくことの気持ちの良さを学んでいくのではないでしょうか。自分たちの明日のあそびを、自分たちで確保していくのですから。意図的な活動だけが保育でないことはみんなわかっていることですが、片づけも保育と保育の間の仕事ではなく、保育そのものとして深めていくことが大切だと思います。

保育で大切な空間や遊具、おとなのゆとり

片づけが一日のなかでこんなに細かく、回数も多くなってしまうのは、なんといってもスペースがないことが大きな要因です。あそびを広げたままでは食事ができない、食事を片づけなければ昼寝の布団が敷けない、早く目が覚めてもみんなの布団を片づけなければ一人であそぶ場所もない……。こうした狭い空間が、子ども一人ひとりのあそびの選択の幅を小さくし、ゆっくりご飯を食べることもままならず、昼寝の時間は眠くなくても自分の布団にいるしかないという保育を生む大きな要因となっています。

そうしたなかでも同時に、子どものあそびや食べること、眠ったり眠らなかったりを大事にしようとしたら、おとなが子どもの生活のテンポにあわせて、ゆったり、幅のある一日をくふうして編み出さなくてはなりません。そのためには、おとなのゆとりが必要です。人員を増やすことはもちろんですが、「暮らしの主人公は子ども」ということについて深めることが不可欠なのです。学ぶゆとりの保障も、声を大にして言いたいですね。

朝の保育・夕方の保育どうしてる？

保育園での朝と夕方の過ごし方

長時間になっただけでなく、子どもたちの保育時間がばらばらになるなかで、朝の保育や夕方の保育は、今、どうなっているのか、いろいろな園の先生に聞いてみました。

現在は朝七時ごろ開ける園が多いようですが、たとえば乳児と幼児とを分けて受け入れ、次の番の人が来たらゼロ歳と、一、二歳は各部屋で、三、四、五歳は一部屋で、そして次の番の保育者が来たら乳児はクラス別に、幼児は二階の一部屋で、そして八時半になったらすべてが自分のクラスの部屋でと、時間で場所が区切られている園が多いようです。

乳児は部屋で、幼児は園庭で朝の集まりの九時ごろまで過ごすという園もあり、園庭のない園では、幼児は朝荷物だけ入れて、目の前の公園で九時ごろまであそぶというケースもあるようです。八時半になったら幼児はホールに集まってあいさつをし、そこにクラス担任が来て、朝の先生から引き継ぎ事項を聞き、クラスに連れて行くというやり方をしている園もありました。

こうした時間で子どもが移動していくという方法では、そのときいる場所（自分のクラスではない）のおもちゃをどんどん出すというわけにはいかず、あそんでいいおもちゃなどが限られるということともつながったりしているようでした。

夕方の保育については、先生の数が減るのと同時に、子どもたちを合同で保育するようになるため、朝と同様に使う部屋が時間によって限定されていきます。園庭でもあそびますが、五時ごろになったら手や足を洗って部屋に入る園が多いようです。不審者対応のことも考えて、四時には入室する園もあります。一方で、五時すぎに園庭であそんでいる園で、部屋にいてはいけないところもありました。五時一〇分に傷をつくって事務室に手当てしてもらいにきた四歳児に「どこでケガしたの？」と聞くと、「わからない」。その時間は園庭にいなくてはいけないのに、室内にいて傷をつくったので叱られると思い、その子は場所が言えなかったようでした。

また、園庭でも室内でも、あそんでよい遊具（片づけが簡単なブロックや積み木など）を限定しているところも多くありました。さらに、夕方の保育に移るとき、ホールに三歳以上の子を集めて、年長の子どもに名前を呼ばせて確認するといったやり方をしている園もあって驚きました。

夕方には、朝にない煩雑さがあります。それは「延長保育」にともなう問題です（延長という言葉は、「保育時間は子どもがいる間すべて」と考えると、保育時間をおとなの都合で区切り、別枠の保育であるかのようにいう言葉なのでよくないと思います）。「延長保育」は別料金なので、保護者が遅れて来ないかと気にしてぴりぴりした雰囲気になったり、一分のことでトラブルになったりして、電波時計にタイムカードを導入する園も増えているようです。

朝夕のパートの先生たちの声

ある保育園の、朝と夕方のパートの先生たちの声を知ることができました。一部屋でしている保育の人数が多すぎて子どもが落ち着かないので、隣の部屋も使えないかという声や、その時間にもっと絵本が自由に見られるといいとか、ケガなど子どものようすで気にかけなくてはいけないことは早めに伝えてほしいなど、たくさんありました。

とくに印象深かったのは、朝登園してきた子どもがパートの先生の膝に乗ったとき、正規の早番の先生に、「先生の膝はイスではありません」と言われて子どもは降ろされ、「パートの先生は子どもを抱っこしないように」と注意されたことについての意見です。

「私たちも、子どもたち一人ひとりの毎日を知っているので、考えながら保育をしています。朝夕にしか見られない子どもが甘える姿に対して、日中を安定して気持ちよく過ごせるように、という思いで抱っこもしているし、子どもの笑顔を大切にと全力で保育していますｰ」。朝夕の保育で、毎日子どもたちと日々関わっている先生たちの保育に対することのような思いが、朝夕の子どもたちを支えているのだと感じる声でした。

今の状況の大変さはどこから？

保育所が一一時間開所が基本となってから、それを超えた保育は別料金になることが当たり前のようになりましたが、子ども・子育て支援新制度によって、さらに短時間（八時間）と標準時間（一一時間）という新しい枠が設けられ、保育料の違いが発生しました。夕方以降は、時間によって捕食（おやつや軽食）や夕食があり、それぞれ料金が異なります。さらに、認定こども園では午後二時に帰る子どもたち（一号認定）と、夕方までいる子どもたち（二号、三号認定）とでは保育料が異なっています。こうして、園の長い一日のなかで、子ども一人ひとりの保育時間はばらばらで複雑になっているのです。

これまで、正規職員がそろう午前八時半、九時ごろから午後五時の間を主な保育と考え、そこからはみ出す保育は「おまけの保育」と考えられがちでしたが、認定こども園の出現により、「メインの保育時間は幼児の午前中」であるというとらえ方が生まれています。これは、幼児期の保育の中心を幼稚園の教育とした新制度のとらえ方の影響でしょう。

また、保育時間は多様化しているのに、保育者は増やしていない施策によって、おまけのように位置づけなければ保育ができない状況をつくり出しているともいえます。朝夕の保育の充実には人員増が絶対必要ですね。

朝から夜まで、子どもにとっては大切な時間

一九八二年の『ちいさいなかま』一一月号に、「朝夕の保育は豊かな海と陸の波うちぎわ」というテーマで、当時大阪・いづみ保育園園長だった清水住子先生が原稿を書かれています。

家庭から保育園へ、保育園から家庭へ、毎日子どもは行ったり来たりしている。その子どもたちが気持ちよく登園し、十分あそんで満足して家庭に帰っていく、その境目である朝夕の保育は、保護者とのつながりをつくることも含めてとても大切で、高い専門性を要するものだといっています。当時は、国としてはそういう視点はありませんでしたが、保育の運動のなかでは、地域の子育てセンターになり、子どもも親もしあわせになれる保育園を目指そうと努力していました。

いづみ保育園では、朝食を食べてこない子どもの家庭に、お弁当を持ってくれれば園で食べさせると提案したり、寝不足で元気のない子が大勢いた年の夏には、昼寝を午前中にもってきたり（翌年は子どもの姿を見て午後に戻した）と、子どもの二四時間を保育園と保護者との協力で健康なものにしていこうと画期的な取りくみをしていました。朝、子どもが

すぐに活動的になれなくても、それをわかって見守る保育、夕方、あそび疲れた子どもたちが安心してほっこりできるような保育、そして疲れて帰ってきた保護者がほっとでき、保育者ともほかの親とも言葉を交わすことができる保育園を提起し、朝夕の保育の大切さを訴えたのです。

このことの大切さは、現代の保護者の働き方の多様化と大変さのなかではますます大きくなっているのですが、朝も夕方も時間を細切れに、切り売りのようにされてきているなかでは、その頃の視点での実践はなかなか困難になっています。

それでも、今朝、子どもがどんな気持ちで登園してきたのか、その子の生活ぐるみを受け取って、気持ちよく保育園の生活に入っていけるために明日からできることはないか、しつこく考えてみましょう。子どもが少しでもあそびを選べるくふうはできるかもしれないし、朝ぐずぐずしている子どもを注意する前につぶやきを聞けたら、子どもはたくさんの思いを伝えてくれるでしょう。そして朝夕のパートの先生たちの思いをきちんと聞き、その先生たちと子どもの関わりを大事に見ていったら、それだけでも園の空気は変わるかもしれません。

子どもにとっては、園に来たときから帰るときまでが保育時間。朝も夕方も含めて、保育園の生活の主人公は子どもと、改めてこの出発点をみんなで確かめたいですね。

新年度の向かい方

あわただしい三月の保育園

保育園の三月は、新年度に向けての準備で特別に忙しく、また、おとな同士のなかでは気持ちが複雑にざわざわするときでもあります。公立保育園の先生は、自分が異動するのかどうなのか、どこに配属されるのか、心配でどきどきしてしまうし、私立保育園でも系列園が複数あれば同じようなことがあるでしょう。また、何組の担任になるのか、誰と組むのかなど、そわそわしてしまったり、希望を出したけれどどうなるのか、なぜかいろいろなうわさまで飛んで、日々の仕事が手につかない、なんていうことも現実にはあるかもしれません。

そんななかでも、保育のまとめをして、次の年度に向けて保育の計画や日程や体制をつくっていかなくてはなりません。新入園のための説明や、クラスが新しくなることでの物の準備や、新人職員の方への細かい説明なども必要になります。一方で、卒園式を必死に準備したり、引き継ぎやお別れ会など、気持ちが揺れることもありますね。こうして書いてみると、保育園の三月は、そのときの子どものことに、いちばんおとなの気持ちが向きにくい月といえるかもしれません。

新入園児が決まると、どの保育園も入園前の面接が始まります。担任が決まっていてもいなくても、かなり早くから進級準備を進めているところもあります。今まで聞いたなかでもっとも早かったのが、一二月には一歳児の月齢の大きな子が数人、担任一人と一緒に二歳児クラスにまじって生活を始めるというものでした。なぜなのかと聞くと、若い先生は、よくわからないけれどと前置きして、早く慣れている子たちが数人いると、あとから進級してくる子が慣れやすいからだということらしい、と話してくれました。

ここまででなくても、少し早めに進級するクラスの部屋に移って生活するという方法をとっている保育園は多いように思います。早めに部屋を移動することで、四月、新しい子どもや新しい職員が入ってきたり、担任の先生が替わったりと、慣れないことがたくさん一度に出てきたときに、少しでも在園児が四月からの生活のやり方に慣れていてくれると、スタートがうまくいくということからきているのでしょうか。でも、順繰りに部屋を移していくと、年長の子どもたちはどこに行くの？　という素朴な疑問が出てきます。理屈のうえではゼロ歳児クラスが空くはずですが、そこに年長さんを入れようとする園はこれまでに聞いたかぎりでは一つしかありませんでした。その園も、荷物はゼロ歳児クラスの部屋に置くけれど、とくに午睡のときなどの活動は、近くの公民館のようなところを三日間だけ借りて、そちらも使って年長児は活動するというふうにしていました。多くはホールに荷物を置くところをつくってそこにいるとか、ときには、日によって園の中を転々とするはめになるケースもありました。なんだか年長の最後なのに、こんな形で保育園生活が終わるなんて子どもたちに申し訳ない、と言う先生もいました。

その一方で、ほとんど、またはまったく三月末まで部屋を替えたりすることもなく、四月になったら進級していくという方法をとっている園もあります。ときには担任が替わることも当然あることだし、そのクラスの最後の時間をおしまいまでたっぷり満喫してもらいたいと考える保育園では、最後まで子どもたちがやりたいあそびを思いきりやろうと、先生たちも一生懸命あそんでいました。とくに年長組は、先生や保育園と別れるだけでなく、子どもたちもみんなが同じ小学校に行くとは限らず、仲よしだった友だちともばらばらになってしまうかもしれません。卒園して小学校に行くことは、期待もあるかもしれませんが、大きな不安でいっぱいでもあるのが年長のおしまいの子どもたちではないでしょうか。そう考えて、気心の知れたこのメンバーで、大好きな保育園で心ゆくまであそび、楽しかった保育園の暮らしを気持ちにきざんで卒園してもらおうとしてきたのかと思います。

はっとさせられた子どもや親の声

ある園長先生が、この最後の保育のことで失敗したことがあると話してくれたことがあります。その園は最後の三日間、新しいクラスに移って保育をするということで、靴箱も名前を貼り替えます。でも、空いている靴箱があるので、例年、そこに三日間だけの使用だけれど、年長児の名前を貼って使っていました。

ところがある年、名前のシールは用意したのに貼るのを忘れてしまったのだそうです。最後の日、保護者たちも口々にお別れを言って帰って行ったのですが、とても園のためにがんばってくれたあるお母さんが、「この保育園で本当によかった。でも一つ言わせてほしい。なんで今年は名前のシールが靴箱に貼られなかったのですか？　とても悲しかった」と言ったのだそうです。やらないと決めたわけでもなく、いつものとおり用意していたのに、どうして貼るのを忘れてしまったのか、自分も含めて誰もそのことに気づかなかったことがとてもショックだったということでした。謝ったのはもちろんですが、卒園していく子どもたちと保護者のことをやっぱりないがしろにしてしまっていたのかな、とみんなで反省し、二度と忘れずに、最後の日まで大事に保育して送りだそうと思ったといいます。

二歳、三歳と担任をしてきた先生が異動になったあと、自分がその四歳児クラスを持ったという先生が話してくれたことですが、一人の男の子に、ボソッと「R先生は僕を捨てて行ってしまったんだ」と言われ、返す言葉がなかったそうです。そのとき、異動があるということはおとなの都合で、子どもにとってみたら、突然先生がいなくなるので、捨てられた！　と思ったりするんだということを実感したそうです（異動など一切が四月一日まで秘密なので、説明してお別れを言うチャンスもない）。そして次の年、異動対象だったけれど、役所にその子のつぶやきも込めた長い手紙を書き、そのときの自分の異動を止めたということでした。子どものためにできることを考え、がんばったのですね。

三月から四月に向けて、大切なこと

ある保育園では、年長の担任だった先生は異動させないでほしいという要望を出してきたそうです。子どもが小学生になったとき、いつでも保育園に寄って、担任の先生に会えるというようにしておきたいと考えたからです。保護者にとっても、それは心強いことだろうと思います。年度が替わることそのものも、そこで人の入れ替わりや部屋の異動などが起こることも、いわばぜんぶおとなが勝手に決めた「おとなの都合」です。でも、おとなの都合もぜんぶなしにはできないでしょう。そうなら、そのとき、子どもはどう思うのだろう、保護者はどんな気持ちになるだろう、ということに思いをはせ、どうしたら、この時期も子どもを大切にした保育ができるかを真剣に考え、実践していかなくてはなりません。

ある先生は、二歳児の実践を話してくれました。その年、園の帽子を裏返して耳を縫い付け、ネコごっこをたくさん楽しんでいたので、四月、異年齢の生活になったとき、その帽子を三歳が集まるときに使う部屋に集めて置いておきました。そうしたら、進級した子どもたちがその帽子のところに集まり、ネコごっこを楽しむことができ、落ち着いて新しい環境にも慣れていったといいます。

子どもたちが夢中になって思いきりあそび、それを年度が替わっても大事にあそび続けることを保障することで、状況が変わっても、子どもたちには三月から四月がつながっている日々と感じられ、安心できるようにした貴重な実践だと思います。

この勉強会に参加した方たちから、「新規で入園する子どもについつい気を取られていましたが、在園の子どもたちも大変な思いをしていることを改めて実感しました」「年度が替わることでの子どもの変化、思い、親の気持ちをあまり考えることができていなかったのだなあ、と思いました」という感想がいくつもありました。簡単ではないけれど、みんなで話すと気づくことがあるって、すてきですね。

あなたの園にはどんなルールがありますか？

おとなによってルールが違う？

四月、新しく入った先生や異動してきた先生たちと、確認している決まりはどんなことでしょうか？　最低限、知っていないと困ることとして、鍵の開け閉めや、それに付随するような早番、遅番の仕事などは園によって違うので、確認が欠かせません。そして、その前提として、なぜこのような決まりがあるのか、そのことで何を大切にしたいと思っているのかなど、職員としての共通理解が必要になります。

また、おとなだけでなく、「子どもに守ってもらおう」とするルールもたくさんあると思いますが、園のおとなによって、このルールがまったく違っていたりすることに、びっくりすることはありませんか？　違いが見えやすい食事場面で考えてみましょう。

「楽しい食事」って？

ある保育園の一歳児クラスは、一二人そろって「いただきます」をすることになっています。食べるまでに子どもは、イスを持ってくる、手を洗う、自分のエプロンを出して首からかける、テーブルにご飯のしたくができるまで、座って絵本や紙芝居を見る、自分の前に食器が配られるのを待つ、そして一緒に「いただきます」をしてから食べ始める……といったたくさんのプロセスが必要になります。

逆に、手を洗って用意ができた子から食べ始める、という方法をとっている園もあります。

先日、ある保育園の四歳児とご飯を一緒に食べさせていただいたときのことです。とてもおいしい食事で、ああ、保育園ってやっぱり天国だなあ……と食べていたところ、ハンバーグは食べてしまったのに、ご飯がまだだいぶ残っている男の子がいました。ほかの子が盛んにハンバーグをおかわりしているのに、その子はおかわりをしません。「おかわりはしないの？」と聞くと、「する」と答えるのですが、残ったご飯を食べるのに苦戦しています。そのうち、お皿に残ったほんの少しのケチャップソースのところにご飯を移し、ていねいにご飯をころがして食べ終えたところで、やっとハンバーグのおかわりをもらうことができました。ご飯まで食べきっておかわりがもらえるという決まりになっていたようでした。

初めに盛られた給食を、すべて空にしてからでないとおかわりできないと決めている園は多いようです。度合いやニュアンスには違いがあり、好きでないおかずは減らしてもよいとか、すごく好きなものは大目に見るとか、ゆるくしているところがある一方で、「減らしてもいいけれど、減らすとおかわりの権利を失う」など、なかなか厳しいところもあります。

食べものは大切にしなくてはいけないということは、誰もが一致していると思いますが、食の細い子や嫌いなものが多い子もいます。そして、そうした子どもほど、食事を楽しみにしたり、おいしいと感じたりできる機会をていねいにつくることが必要なのではないかと思うのです。食べきれないことや、嫌いなものがあって食べられないことを、いつも負い目に感じてしまうような食事の場面では、その子たちは毎日がしんどくなり、とても「楽しい食事」にはなりません。そう考えると、こうしたルールをつくり、守ることが本当に子どものためになるのか、今一度考えてみたくなります。

ルールが決まっていると、おとなは安心？

子どもとの関わりにおいて、ルールがあったほうが安心という声があります。同じクラスの先生が、子どものいやに対して「私には通用しません！」という関わり方をしているのを見て、暗に、嫌いなものは食べないことも認めている自分への宣言のように聞こえた、というある先生の話を聞きました。

また、子どもが、残すことや減らすことを認めてくれる給食の先生が顔を出すのを待っていて、担任ではなくその先生に聞いてくることが目立ってきたある日、その保育室のドアに、「今日は給食の先生は見に来てくれなくていいです」と書いた紙が貼られてしまったという話もありました。

さらに、多くの園で悩むのが、朝と夕方のパートの先生たちの子どもへの対応です。正規の先生から、「園としてまちまちな対応では困る」という声が出る一方で、パートの先生からも「その日の正規の担当の先生によって違う対応を求められるのは困る」という声が聞かれます。そんなパートの先生からの意見を受けて、ルールを決めている園もあります。たとえば、子どもが「〇〇の絵を描いて！」と言ってきたときにどう対応するか、といったことです。子どもに否定的な言葉を使わないで断るために、「先生、じょうずに描けないの」と言うことに決めた、という園もあります。また、うまく断れず、苦し紛れに（?）わざと変に描いて見せたりしたことがある、という方もいました。

この例でいえば、子どもが「描いて！」と先生に言ってきた子の願い、思いは何なのかを考えることが大切です。描いてほしいと言ってくる子どもの思いをきちんとキャッチできれば、そのときにどう応えればいいのかが見えてくるのではないでしょうか？

そのように考えると、子どもの思いもそれぞれ、その先生との関係もそれぞれなので、対応は同じでなくても当たり前ということになります。第一、どの先生に頼んでも、「じょうずに描けないから」と断られた子どもは、どんなふうに思うでしょうか。子どもの気持ちを抜きに、おとなが「あるべき」と考えたことがらに縛られて悩んでいるように思いました。

決まり・ルールが増えることの怖さ

ここで、いちばん考えたいのは、「決まっているほうが安心」だというおとなの問題です。

本来、保育とは目の前の子どもたちの姿から出発して、子どもの思いをわかろうと、ときには苦労しながら関わって、子どもたちやおとなたちで一緒に暮らしをつくっていくことではないでしょうか。そこに想定外の子どもの発想や思いに、びっくりしたり、わかりあえてうれしかったりという保育の醍醐味があるのです。

対応をあらかじめ決めてしまうと、おとなも子どもも、「決まっているから」という「理由」で（本当は、それは理由ではないですね）、行動を決定してしまうことになります。そこに、今の目の前の子どもの気持ちを考えたり、自分としてはどうしたいかを考えたりする余地はありません。つまり、自分はどう思うのかを考えることをやめてしまうことになるのです。一つの決まりは、それを実行するために新しい決まりを生みます。そうして、どんどん増えていってしまうのは、あまりよいこととは思えません。

それなのに、「決まっているほうが安心」という気持ちになるのはなぜでしょうか。もしかすると、同僚たちと自分の保育を、わかりあうことがとても難しいと感じていることの表れなのかもしれません。今あるルール、どうして？　と思ったら、勇気を出してみんなで考えてみませんか。

保育園の暮らしって？

保育園で暮らすって、どういうこと？

「保育園は子どものための場、子どもが暮らすところ、そしてできるだけ主体的に、能動的に、子ども自身が暮らしの主人公になっていくようにしたいという思いは、私たちおとなの願いですが、それはまた子ども自身のものです」と嶋さな江さんは書いています。*

保育園とは、朝から夕方（ときには夜）まで、保護者と離れて幼い子どもたちがそこにいて、その子どもたちの心地よい一日のために、ともに過ごすおとながいる場なのですから、そこでほぼ一日、保育園の職員と子どもたちが一緒に暮らしていることは確かです。養護と教育が一体となっているのが保育だとずっといわれてきているので、子どもは生活のなかで学ぶということも、誰でも考えることだと思います。

でも、暮らすことそのものの大事さというか、そのことをどう大切に考えるかによって、保育園での子どもの長い一日がずいぶん変わってしまうように思います。毎日、その日の活動が用意され、あそびでも食事でもお昼寝でも、計画どおりに進めていくことが保育だととらえるなら、子どもが主人公の暮らしという視点は入る余地がなくなってしまうのではないでしょうか。

最近ある先生に「保育園に暮らしはないのでは？」と言われました。その日に計画された活動や日課は決まっていて、それをきちんと子どもたちがやるように日々奮闘しているけれど、それは暮らしというのとはずいぶん違うものだと思う、というのです。それは、保育園で子どもの暮らしをおとながともにつくることが意外と難しいからかもしれません。どこにいても、誰といても、安心してそのとき一緒にいるおとなに自分の思いを出し、ほかの子どもたちともわかりあったりぶつかったりしながら、充実した日々を重ねていくためには、決まった日課やその日の活動が子どもにとってどんなものになっているか、見つめてみなくてはならないからです。

たとえば保育園での昼寝は、寝る時刻がみんな一緒になっていることが多いですが、子ども一人ひとりの眠くなるようすはそれぞれ異なります。また、同じ子でもすぐに眠る日となかなか眠らない日とがあるでしょう。それは生活リズムからくる身体のリズムというだけでなく、午前中のあそびなどに満足したかどうか、友だちと楽しかったかどうか、心配なことや不安なことがあるかどうかなどで変わってきます。さらに家庭の状況によっては気持ちが落ち着かず、安心して眠ることができていない子どももいるかもしれません。さらにその子の特徴なのかもしれないのです。子どもたち一人ひとりとていねいに関わることで、その子の今を知ることができ、わかってくれるおとなの元で子どもは身も心も委ねて眠ることができるでしょう。

でも、眠れないことや寝たくないという子どもを困った子として見るとき、昼寝の場面は、子どもの思いが見えるときではなく、なんとかして寝かせようと必死におとながかんばる時間であり、子どもにとってはがまんを強いられる時間になってしまいます。

実際には、午睡のとき先生たちは、子どもと「ともに暮らす」という気持ちではいられませんよね。子どもたちの午睡の時間におとなはしなければならない仕事の山がパンパンにふくらんでいるという状況も多いのではないでしょうか。先生たちの後ろに、そんな大きな荷物が見え隠れするなかでは、子どもたちもゆったりした気持ちにはなりにくく、このような状態は、子どもとおとなが一緒に暮らしているといった実感からは遠くなるばかりですね。さらに、今日は早く寝てもらいたい、やることがいっぱいあるからと思って寝かせると、なぜか子どもたちはいつも以上に寝ないですよね。

また、食事の場面でも、マナーとか、食べ方とかに必死になればなるほど、暮らしているのではなく、食事を指導する、指導されるといった関係の場面になってしまいがちです。

それぞれの子どもが、おいしいとか、自分はこれが好きとか、これは嫌いだけど○○ちゃんは好きなんだってなどと、その日のその食事を味わいながら、そこにいる人たちと一緒に満足していく時間にできたらいいのですけれど。

暮らしのなかで学ぶというけれど

ある一歳児クラスで、園庭の砂場に赤いシャベルがあるのを見つけた子どもが、それであそびたくて裸足で飛び出したのですが、引き戻されて、靴を履いたらあそべるよと言われ、履こうとしてもまだうまく履けないうえにあせっているので靴が履けず、泣きだしたそうです。先生は、シャベルを先生が確保しておいてあげるから自分でがんばって靴を履いてごらんと言ってその子どもを励まし、長い時間かかってとうとう靴を履いたということです。

一歳から二歳の子どもが靴を自分で履くようようながされて、立ち往生している姿はときどき見られる光景です。再任用で保育を続けていた方が、散歩に行くとき、靴をうまく履けないで困っている子がいて、かかとをちょっと引っ張ってあげれば履けるんだけど、と手伝うことを担任の先生に提案したら、「せっかく自分一人でできるようになることを大事にしているので、手を出さないでください」と言われてしまい、子どもは一人残されて途方に暮れてしまうし、困ったと話してくれました。

どちらの事例も、子どもの気持ちは、早くあそびたい、散歩に行きたいというもので、やりたいことにおとなが共感して、大事にしたい場面のように見えました。靴を履くことも友だちと並んで集中してやってみるときもあるかと思います。子どもが靴を履くことに取りくみたいときは、その続きの活動が結果的に時間が少なくなったりしても、手を出さないで見守っていたいですが、ほかの活動が早くやりたいときに、どうしても一人で靴を履かなければやりたいことにたどり着かないようにおとなが采配するのは、どこか気持ちがすれ違っているように感じます。

暮らすというなかには、あらゆる場面で、身のこなしや手指を動かすこと、道具の使い方を知ることなど多くの学びがあります。でも、それは、そればかりを訓練することでなく、暮らしの必然性のなかで身についていくものだと思うのです。

子どもとおとなで、ともに暮らし方を探る

大切にしたいのは、日々起こることをていねいに受けとめ、子どもとおとながそのときそのときの心地よいことも困ったことも共有し、共感しながらわかりあって一緒に日々をつくっていくことを、保育園という場で実現していくことかと思います。

子どもの日々のどんな気持ちも、その子のものとして認め、暮らしの主人公として尊重することができれば、注入するように暮らし方を覚えてもらうという無理のある関わりか

らおとなも子どもも開放され、そのときどきの最善をともに探せるようになるのではないでしょうか。

＊嶋さな江＋ひばり保育園『保育における人間関係発達論』（1998）ひとなる書房

子どもの願い・おとなの願い

おとなも子どもも「がんばって」いる？

子どもの願いは「もっとあそびたい」。おとなの願いは「もうご飯だから片づけて、足を洗って（着替えて）部屋に入ってきてほしい」……。保育園でも家庭でも毎日繰り広げられる攻防戦ですね。これは、散歩から帰る、お昼寝する、集まって話を聞く、片づけるといった、子どもとの生活の区切りでたびたび起こる願いのぶつかりあいですが、ほかにも、「食事を食べる・食べない」「友だちのおもちゃを取る・取らない」など、子どもとおとなはそのとき願うことの食い違いで一日中ぶつかっているし、悩んでいるのではないでしょうか。

たとえば朝、子どもと保護者が別れるとき、なんだかもめてしまう場面です。ここでもめているわけにはいかない、一刻も早く仕事に向かわないと遅刻してしまう、という保護者の切羽詰まった願いがわかるから、先生も必死になって子どもを受け取ろうとします。四月や年齢が小さい場合だったら、子どもの「もっとママやパパと一緒にいたい」という願いと、保護者の「早く仕事に行きたいからすんなり別れてほしい」という願いのどちらもわかるよなあと、落ち着いたやさしい気持ちになって対処しようとすると思います。

でもこれが、もう何年も保育園に通ってきている三歳、四歳、五歳だったりしたら、保育者の願いも「いいかげんに状況を理解してがまんしてほしい。好きなおもちゃだってたくさんあるし、あそぶ友だちだっているし、もう○歳なんだから……」と保護者と同じ願いになってしまいがちですよね。そうなると、子どもはますます気持ちのもって行き場がなくなり、無理やり抱っこされて大泣きしている子どもを置いて保護者は職場へと急ぎ、先生は、今朝何かあったのだろうか、叱られたりしたのかしら？　と泣き続ける子どもを抱きながら思うものの、子どもからはほとんど聞き出せず、そのうち泣きやんであそび始めたのを見てホッとするといった経験も一回や二回ではないでしょう。

おとなの願いは言うことを聞いてほしいということですが、おとなの都合で、いつかとかそのうちでなくて、今聞き分けてほしいという願いであり、子どもの願いについては、おとなは本当にわかろうとはしていないかもしれません。

また、多くの先生方が悩んでいることの一つに、幼児後期になっても好きなものしか食べず、野菜など絶対に嫌なものは食べたくない子どもの願いを、もっと食べてほしいと願うおとなとしては、どこまでを認めるのか、許容するのか、といったことがあります。

先日訪ねた保育園でも、「ひと口だけ食べてみない？」というおとなの言葉について、話題になっていました。無理強いはいけない、楽しく食べることが大切とは思っているのだけれど、「ひと口だけ……」と言いたくなってしまうほど嫌いなものが多い子どものことで悩んでいました。そこでは、一度はすすめてもよいか、やはり言わないほうがよいのか、どうすればよいのか、子どものことを真剣に考えていることが感じられました。

そこで語りあったのは、嫌いな食べものが給食に出るたびに、一度は「ひと口だけでいいから食べてみない？」と言われる子どもの気持ちはどうだろうか、その子の「嫌い」や「食べない」で表している思いや、わかってほしい願いはなんなのかをみんなで考えてみようということでした。

その話しあいのなかで、自分も小さいとき、嫌いなものがたくさんあってとても苦労したという先生が、おとなにとっては無理強いでなくても子どもにとってはきついことだと、自分の経験に照らして子どもの気持ちや願いを話してくれたのが印象的でした。いやいや食べたひと口が、その子の気持ちを変え、食の世界の楽しさを知る窓口になることはめったになく、嫌だった思い出だけが残るのでは、そのつらい努力は報われません。

また、自分で食べる前に嫌いなものは減らしてよいけれど、そうして盛りつけた分はぜんぶ食べないと、おかわりはできないというルールにしている園もありますが、相手がルールでは、そのときの子どもの願いをぶつけようもありません。つまり、ルールにしてしまうと、おとなの願いを子どもに説明する機会も、子どもの思いをおとなに伝える機会もなく、ただそう決まっているから守るようにという伝達になってしまう危険があるということです。そして、ぶつかり合えないということは、おとなも、子どものそのときの願いをキャッチするチャンスを逃していることにもなりますね。

子どもの願いを知る努力

乳児だと、まず子どもの「願い」をキャッチしようとしますよね。わかりやすいときや、わかりやすい子どももいる一方で、この泣きはなんなのか、この表情は何か、わかりにくいケースもあります。毎日その願いを探し続け、担任の先生がその子の理解を深めていくと、子どももその先生に安心して気持ちを出し、願いがますますわかりやすくなっていくというのがゼロ歳児クラスではよくありますね。願いがわかってもらえたと感じている赤ちゃんは、安心して身も心もゆだねてくるので、わかり合えたと感じたときがお互いに至福のときかもしれません。でも、いつもわかるとは限りません。

ある園で、二歳の女の子が「ご飯だから中に入るよ」といくら声をかけても、砂場の縁に座ってじーっとしていたそうです。「一緒に行こう」とか、「ご飯食べよう」と声をかけても動かないので、「終わったら来てね」と言って、先生は部屋に入ってほかの子の世話をしていました。園内では、そこまで待つのはどうなのかという意見もあり、最終的には一人の先生が泣かせて連れてきてしまったのですが、その後はふつうにご飯を食べたということです。

話してくれた先生は、どうしてその子が砂場の縁から動かなかったのか、いまだにわからないといいます。もしかして、おしっこかうんちが出ていたのでは？　と連れてきた先生に聞いても、そういうことはなかったというし、砂場の縁に座っていたのが気持ちよかったのか、「抱っこで行こうか」だったらよかったのか……。その子の気持ちがちゃんとわかってあげられなかったという思いはあるのに、結局ご飯は食べられたので、傍目《はため》にはなんとかうまくいっているから、めでたし、めでたし……みたいになっていて、子どもの気持ちがわからずじまいなのがすっきりしないと、その先生は語ってくれました。

とくに生活の場面でおとなが先を急ぐとき、子どものそのときの願いは気づきにくいかもしれません。私たちおとなは、わかろうとしなければわからない、ということにも気づけないのだ、ということがわかる貴重なお話でした。

おとなの願いを吟味する

「おとなの願い」とひと口に言っても、その内容はじつにさまざまです。子どもに対してこうしてほしいということが毎日のなかでは多いと思いますが、よく考えると、それはおとなの都合で言うとおりに動いてほしいという願いだったり、子どもによりよく育ってほしいという願いであっても、子どもが自分で選ぶ権利を知らないうちに奪っているかもしれません。

ある五歳児クラスのことです。四歳までは決まりを守り、ほかの子に注意したりしていた子が、担任が変わって三か月ほど過ごしたある日、友だちが持ってきたお菓子をこっそり隠れて食べた仲間に入っていて先生をびっくりさせました。それ以来、いたずらをする仲間にうれしそうに入っていたりして、窮屈そうだった感じがどんどん変わってきたそうです。その子が枠からようやくはみ出せたことにホッとしたという担任の先生の子どもの見方、子どもへの願いが、子どもの本当の育つ姿を引き出しているのだなと思うお話でした。

私たちおとなは、子どもが自分の人生を自分で選ぶという主人公になっていく道をできるだけ手助けしたいと思ったとき、子どもの本当の気持ちを、もっともっとその子に即してわかりたいという願いをもつようになるのではないでしょうか。そのとき、おとなの願いと子どもの願いは対立から自由になり、いろいろあっても重なっていくのかもしれません。

コロナを経験して、改めて保育園の行事を考える

コロナ禍での保育園の行事

まだコロナが流行する前から、繰り返し、見直しも話題にのぼっていた行事ですが、コロナ禍を経験し、保育園の暮らしそのものを見直すことを余儀なくされ、行事についてもこれほどゼロからみんなで考えあい、新しい形で実践されたことはなかったと思います。

もちろん、これまでやってきたことの大事さを改めて感じた行事もあるでしょうし、無理してやらなくてもいいかなと思った行事もあるかもしれません。運動会の例年の練習がなくなってほっとしたという声も聞かれました。一方で、自分たちでやりたいとクラスの行事が企画されたりもしました。

たとえば誕生会。ある園では、それまで月一回、全員集まってお誕生日をお祝いする会

をやっていたそうです。楽しい集会にするために、職員が手品をやったりパネルシアターをやったりするそうなのですが、ゼロ歳から年長まで、幅広い年齢の子どもたちみんなが楽しめるものはなかなか難しく、子どもたちみんなを集中させようとするのが大変だと感じていたといいます。

コロナ感染が広まり、全員がホールに集まることは中止になりました。感染対策上、みんなで歌っていたお祝いのうたもやめになったそうです。そして、クラスごとに園長先生たちが回ってお話をするという誕生会になり、子どもにとって無理なく参加できる誕生会になったそうです。

この機会に、誕生日当日にその子をお祝いすることに変えた、という話も聞きました。お誕生日の子は誕生日のバッジやワッペンなどをつけて一日を過ごし、それを見た人たちがお誕生日おめでとう、とその子に声をかけるという方法や、誕生日の子だけちょっとすてきなおやつが出てきてクラスのみんなでお祝いするというやり方などです。もっとも、これらはコロナの前からさまざまな園で試みられていますね。

コロナ禍でも続けた行事

このような状況のなか、誕生会を園全員でお祝いすることにこだわったという園の話を聞きました。全員の集まりは無理だからクラス別にしようという話が出たとき、でも、その子にとって、自分の誕生日を園全員がお祝いしてくれるというのは本当に特別なことだから、なんとか続けたいという意見が出たのだそうです。

「保育園中の仲間にお祝いをしてもらうこと・お祝いすること」をなにより大事にしたいということでみんなで考えた結果、園庭で間隔をあけて、一人ひとりの子に向けて誕生日のうたを歌うという誕生会にしたのでした。話してくれた先生は、その日主人公となってうたを歌ってもらった子どもたちの顔が誇らしげでうれしそうだったといいます。

保育園の条件、子どものようすによって、どのような形で行事を実践していくか、形はさまざまになるでしょうが、保育園のみんなで自分たちは何を大事にしたいのかを出しあい、確認しあって、方法を見つけていったことで、その保育園の誕生会はきっと子どもにとってより大切な日になったといえるのではないかと感じました。

「どうせコロナだからでしょ」というつぶやき

ある先生が寄せてくれたレポートに、生活や行事の変更の連続に、「どうせコロナだからでしょ」と、子どもからあきらめの声が上がるようになったことが書いてありました。

前の年、年長さんがやっていたことを見ていて、来年は自分たちだと楽しみにしていた子どもたちが、（たぶんお泊り保育や夏祭りなど）次々と中止になったり縮小したりするなかでつぶやいたのでしょうが、そのつぶやきからおとなの姿勢を考え直したということでした。

それは、保育を考える前提が「今までやってきた保育」になってしまうと、本当ならここまでやるけれど、コロナだからこのくらいしかできないといった、そこに近づけることを考えた縮小案のようなものしか出てこなくて、おとなたちもあきらめモードになり、提案自体が、「しかたがない」ものになってしまうということでした。

その先生の園では、子どものつぶやきから学んで、子どもたちの姿から大事にしたいことを考え、コロナのなかでもできる形を探して実現していくように努力したとのことです。

もちろん、「しかたがない」ことだらけだったのですが、でも、子どもたちの一日一日をどんなときでも最大限大切にしようというところに立ったら、その子どもたちにどんな経験をしてもらいたいか、それは、どんな状況のなかでも、どんなふうにすれば実現できるかをおとなが知恵を寄せ集めて精一杯考え、子どもたちとも本気で相談し、一つひとつやってみることしかないのではないでしょうか。

コロナ禍での行事の変化で感じたこと

みなさんの声のなかで、意外に多かったのは、保護者を呼ぶことができなかったときの行事について、保護者の気持ちもわかるけれど、正直、気持ちが楽だったという感想でした。順番を間違える子がいてもきりきりしないでやれて、楽しいと思える行事だったとか、踊りをやりたくない子が保育者の膝の上でみんなの踊っているのを見ていたけれど、それもありというのんびりした空気があったという声もありました。話してくれた先生は、保護者に見せるということがないと、子ども中心にできるのかなと感じたそうです。

また、保護者が見にくる場合でも、子どもたちが家庭の協力で休んだり、子どもが感染したり、濃厚接触となって休んだりと、みんながそろわずほとんど練習もできないことで、練習していないのだから失敗があっても、今日の精一杯を見てもらえばいいと思えて肩の力が抜けて和やかだった。ぶっつけ本番も悪くないと思ったという感想もありました。

そのつもりはなかったと思うのに、やはり、子どもたちの「うまくやれている」姿を保護者に見せることに必死になってしまっていたのかもしれません。先生だけでなく、子どもも大変だったと思います。保護者にはありのままの子どもたちを見てもらうことが大事です。そうして初めて、保護者と保育者が本音でわかりあうためのスタートに立てるのです。それは、保護者をどう信頼するかということでもありますね。

子どもの意見を本当に聞く勇気

コロナ前から運動会のあり方を考え始めていたという保育園の年長組の先生から、子どもたちに聞いても、これまで決まった運動会しか知らないと、同じようなものしか出てこない。本当に子どもから聞いたことを行事にするなら、子どもがいろいろ思い浮かべられるようなあそびや活動の種をたくさん蒔いておかないとだめだと思う、という意見が出ました。

同時に、本当に子どもの意見を取り入れるなら、子どもに気軽に聞けない。とんでもない意見が出たらどうしよう、といった率直な声も出されました。先生たちは、これまでも子どもたちの要求を聞かないわけではなかったと思うのですが、おとなの想定範囲内に収めようとして、実際に収めてきたのかと思います。初めて本気で子どもたちの要求に応えて、一緒に運動会をつくってみようかと思えたのかもしれません。この一歩を、勇気を出して踏み出してほしいと思います。

行事も保育ってどういうこと？

行事について深めていくと、日々の保育がどんなに大切かが見えてきます。子どもが興味をもつことをその子なりに深め、それをまわりの人たちと共有し、おもしろいと夢中になれる毎日を送るなかから、やってみたいことが形になり、行事として子どもたちのいろいろな発想をまとめていく機会になる、ととらえることもできますね。

行事のために、ではなく、子どもが暮らしのなかで、ほかの子やおとなたちと、そのおもしろさを堪能する毎日を、ひたひたとていねいに送ることが大切です。そこには一人ひとりのドラマがあり、思いがあります。それをキャッチし、共有し、人としてわかりあっていくことが保育という営みそのものなのだと思うのです。

東京都東久留米市の園長先生だった嶋さな江さんは、行事と呼ばずに「総合的な活動」と言って、先生たちと、行事も保育ということを共有していたといいます。そこには季節を感じる楽しさや、いつもと違う活動の醍醐味を味わうときがあってもいいのです。

全体でやる活動は、おとなにも子どもにもお互いにみんなが見えるので、日々の保育だけでは見えないお互いの姿をみんなでわかるひとときとなり大切です。おとなと子どもが一緒につくる「総合的な活動」を、できるだけみんなが楽しみにできるものにしたいですね。

子どもが選ぶ・子どもが決める

選べたり・選べなかったりを繰り返して

子どもが自分で選んだり、自分で決めたりすることは、子どもが自分でものごとの判断をし、人生の道を選んで歩む人になっていくうえで大切なことだとは誰もが認めることでしょう。保育の場でも、子どもの気持ちや選択を大事にしようとする試みがいろいろ取りくまれています。一方で、乳幼児に選んだり決めたりすることが可能なのかという心配や、子どもにとってよい選択はおとながするべきではないか、という意見もあります。

ある先生から、「自分で選んだり、決めたり、目の前のことを自分で考えたり、迷ったりする、その時々が大事！」と書き出しているレポートをいただきました。

子どもが自分で選び、決めることを大事にしているけれど、自分で選んだはずの服を着なかったりなど、自分で選んだこと、決めたことなのにやらないことがあると、子どものせいにして、おとなの思いで保育をすることもあったといいます。

それが変わったのは、二歳児のお昼寝の場面での経験だったそうです。そのころ、紙芝居のあと、それぞれの子が読んでほしい絵本を選んだのですが、一つだけと声をかけても、二冊持ち込む子や一〇冊ほど積みあげる子もいて、約束が守れないならおとなが終わりにしないと！　という思いで終わりにしていました。すると、もっと読んでほしい子が泣いて寝ることになり、せっかく心地よくお昼寝に入るために読んでいるはずなのに、逆効果になっていると気づきました。そして、差し出すままに読んでみることにしてやってみると、一〇冊だった子も少しずつ数が減っていき、自然に眠れるようになっていったそうです。

一冊選んだのに、また次に「読んで」というのは選んでいることにならないのでは？　子どもによって冊数が違ってよいのか？　など、担任同士でもたくさん話しあったようでした。子どもは自分で決めても選び直したりすることは当たり前で、その揺れも含めて、その時々を認めていく保育が大事だと学んだということでした。

人は誰でも、選べる自分を認めてもらいながら、選べたり、選べなかったり、迷ったりを繰り返して自分で自分の判断を磨いていきたいのだと思います。

コロナ禍では、保育園の暮らしそのものが考えられないほどの制約を受けることになりました。そうしたなかでも、新しい実践が全国で生み出されていました。
ある園の年長クラスの先生（若手中堅）から、中止になった運動会のかわりに子どもたちと一緒に新しい行事に取りくんだようすをくわしく教えていただきました。

K先生がつらぬいたこと

運動会が、コロナの影響で中止と決まり、各家庭に「お知らせ」が配られたときのことです。担任のK先生は、子どもたちに、運動会の中止を伝えました。担任の先生たちは、それでも子どもたちがやりたいなら、保護者に見せる場は用意してあげたいね、と話していました。

そのころ、レストランごっこが盛りあがっていたので、子どもたちの要望がないならやらなくてもいいかな、とK先生は考えていたのですが、残念がる子どもたち。自分たちがやる姿をお母さん、お父さんたちに見てほしいのに、という声が予想外に強く出されたのです。そして、K先生が、それではそういう機会がつくれるかどうか、あとで園長先生に相談してみると話すと、一緒に頼みに行きたいという子どもが続出し、その場に園長先生に来てもらって話をし、保護者に見に来てもらえる日を考えることになったのでした。

先生たちには思いはあったけれど、それをするかどうかは子どもたちに聞こう、子どもたちと相談して決めようという姿勢が、この取りくみの初めから存在していました。K先生は、このとき、子どもたちが自分たちで一つの行事を考えられるようになったということも含めて保護者に見てもらいたい。だから、子どもたちがどうしたいかというのを大切にしていけばいいんじゃないか、と担任（パートの先生たちも含めて四人）同士で確認したと述べています。

「竹馬は全員で」という呪縛

ところが、何がやりたい？　と子どもたちと相談を始めて、リレー、かけっこ、荒馬、縄跳び、綱引き、玉入れ、竹馬とたくさんやりたいことが出てきたとき、運動会ではないのだし、やりたいものをぜんぶやらせてあげたいという先生と、これまでの運動会で、年長はいつも全員でやってきた竹馬だけは全員でやるべきという先生とで、意見が分かれてしまいます。

竹馬は、年長クラスの子どもたちの発達の姿を示すものとして、これまで毎年取りくんできたそうですが、「みんなで励ましあって、全員が課題をクリアできたことを保護者にも見せたい」という思いが、とくにベテランの先生たちにはあり、「子どもたちがどうしたいかをいちばん大切にしたい」と思うK先生とは、三日間、夜まで話しあっても一致しませんでした。園長先生とも相談し、ほかのクラスの先生たちの意見も聞いたのですが、どちらの意見も一理あるということで一つにまとまりません。

子どもの願いをもう一度聞いてみると、やはり縄跳びとか玉入れ、荒馬、綱引きなど、いろいろな種目が出てきましたが、竹馬を全体でやるべきと考える先生たちから、竹馬が難しくてできないから、本当は親に見せたいけれど違うものをやりたいと言っているこ とはないか、と言われ、さらにもう一度子どもたちと話しあうことになりました。

K先生は、どんなことをやるにしろ、子どもたちの思いをちゃんと聞き、子どもたちのやりたいことを実現しようという思いで、再度子どもたちに問いかけます。

その結果、一人ひとり自分がやりたいと言っているものについての、いろいろな深い思いも聞けて、子どもたちが何を見てもらいたいのか、よく考えていることがわかりました。竹馬もいいけど、四歳のときから縄跳びをする子にあこがれて、こっそり練習して跳べるようになったのを見せたいGくんとか、かけっこが好きで、がんばって走るところを見てほしいMちゃん、みんなでできるようになったことがうれしいから、みんなで荒馬やりたいというHくん……。

園内でも、そうした子どもの思いを聞いて、K先生の願いに共感してくれる人も出てきて、話しあうなかで最終的には担任の先生たちの納得のもと、それぞれが見せたいものはそれぞれで、みんなでないと楽しめない玉入れや綱引き、荒馬はみんなで、竹馬はやりたい子が見せる、ということになりました。

信頼しあう経験を重ねる道

それから見てもらう当日まで、じつにたくさんのドラマがありました。もう少しがんばることで見せ場をつくりたくなる「おとなの見せたい思い」との闘い、リレーのメンバーが、足の速い遅いが不均衡になってしまったときに、メンバーはやはりおとなが決めたほうがいいという意見との闘いなど……。でも、いつも子どもと本気で相談し、そのことをほかの先生や保護者ともていねいに話しながら、子どもが決めることに徹して一歩ずつ進んできたK先生の努力で、子どもたちも先生たちも、自分たちの思いが遂げられる貴重な経験をすることができました。そして、その過程で、おとなは子どもたちの友だちを思う気持ちや、しっかり考えている姿に何度も驚かされ、子どもは信頼に価する存在なのだと学んでいきます。

「どの子も、当日も、そして次の朝も、とってもいい顔していたんです」と穏やかに話すK先生のうれしさのにじむ顔を見ながら、「何が起こっても、みんなで考えればいい」と思えている、このクラスの子どもとおとなのこれからを頼もしく思いました。

これぞ保育！

「子どもから学ぶ」ってどういうこと？

3歳児クラスのNちゃん

保育実践研究会のレポートの中で、何人もの人が心を揺さぶられたエピソードを紹介します。

三歳のNちゃんは生まれたときから左手が肩から先がなかったそうです。四月、新しいクラスが始まったばかりの頃、他の子たちがちょっと離れたところからNちゃんの肩を見て「痛そう」と言いました。先生が、なんて声をかけたらよいか、一瞬考えていたとき、Nちゃんが「痛くないから触ってごらん」と自分の左肩を友だちの前に差し出したのです。友だち二人は恐る恐る触って「柔らかいね」とニッコリ。「うん」とNちゃん。この先生は「この出来事で、Nちゃんの肩だけの左手は、みんなが自然に触れられる左手になりました。Nちゃんのハンディをどんなふうにクラスの中に伝えたらよいか……と悩んでいた私が、子どもたちから大切なことを教えてもらった出来事でした」と書いています。

おとなのとまどいを通り越して、子どもたちは、ありのままの自分を友だちに示すことができ、友だちもそうしたお互いを自然に受け入れることができるのだということを、私たちもこの先生のエピソードから学びました。そして、直接お話は聞けなかったのですが、このレポートを読んでいると、子どもたちの日常が、おたがいに安心して、そうしたありのままを普通に出し合えるものになっていることが感じとれて、その先生たちと子どもたちでつくる毎日のていねいな暮らしが見えてくるように思いました。

ゼロ歳児クラスのYちゃん

ゼロ歳児クラスのYちゃんは、クラスのみんなが外に行くとき、いつもいちばん最後になってからやっと動き出す子だったといいます。みんなよりずっと遅れてしまうので、おとなが抱っこしてみんなと一緒に外に連れて行こうとすると、そのたびに大泣きになってしまうのです。外に行くのがいやなのかというと、外は好きらしく、出ることそのものがいやで泣いているわけではなさそうです。担任の先生たちは困ってしまい、担任同士でYちゃんのようすを見ながらなんで泣くのだろうと考えたそうです。そして、「みんなお外に行くよ」という声がかかってから、子どもたちがバタバタしながら出ていき、誰もいなくなったのをキャッチして、初めて自分も行こうかなと思って動き始めるのがそのときのYちゃんの気持ちのテンポなのかな、と思うに至ったというのです。Yちゃんはゆっくりだから遅くなるし、抱っこしていけばいいと勝手に思っておとなが関わることが、Yちゃんには納得できなかったのではないだろうかと考えたのです。

子どもが理解しているその場の情景と時間の流れが、おとなの把握しているものと異なっているのに、当事者である本人の感覚、思いを考えずにおとなの都合で勝手に行動してしまうとき、子どもは小さくてもちゃんと意思表示しているのだと思ったと、この事例を話してくれた先生は感心していました。聞いていた私たちは、ゼロ歳児クラスで子どもが主張している内容をこの先生の話で具体的に知って、あらためて子どもの力に感心するとともに、ここまでていねいにYちゃんの心の動きを考え、そうかもしれないと思えることを見出した担任の先生たちに感服してしまいました。

どんなに小さくても、その人の思いをわかろうとすることが、すべての人の人権を尊重する基本なのだということが、この先生たちの子どもへの姿勢をみると、あらためてわかる気がします。そして、子どもの思いは、とことんその子の側に立ってみようとしなければ見えてこないのではないかと思いました。子どもの気持ちがわからないときほど、もっとその子をわかろうと徹底して心を寄せていく必要があり、子どもの本当の思いは、そうして初めて見えてくるものなのではないかと学びました。

そのたびに子どもたちと考えていけばいい

4歳児クラスのK先生は、運動会でどんなことをやりたいか子どもたちと相談しました。そして、ある子が出したアイデアの、ピタゴラスイッチをみんながやりたいと言ったので、それをやることにしました。でも、運動会の場でやるには、いろいろな仕掛けが、室内でやっているような小さなものではなく、みんなに見える大きさで作らなくてはなりません。

なかなかうまくいかず、みんなで考えながらやり直したり、使える道具を探したりと苦労し、事務室の先生たちの助けも借りて当日まで修正しながらやっと本番を迎え、本番では何とかうまくできました。

運動会の後の先生たちの話しあいで、「うまくいくかどうかドキドキしちゃった」と口々にいう先輩の先生や事務室の先生たちを前にして、K先生は「申し訳ないのですが、自分はあんまりドキドキしませんでした」と言ってみんなを驚かせました。それは、きっとうまくやれるという自信があったからというわけではなく、うまくいかなくても、そのときはその場で子どもたちみんなで相談すればいい、と本心から思っていたからだったのです。

K先生は、子どもたちを信頼し、おとながいろいろとりつくろったりしなくても、まっすぐにやっていけばいい、行事でも日常の生活でも、困ることはたくさんあるけれど、そのたびに子どもたちと考えていけばいい。たとえ道をはずれることがあっても、子どもたちがまたもとに戻してくれると思っていると、あとで話してくれました。そのことを自分は子どもたちから教わったし、毎日、これからも教わっていくのだと思うと、保育するのが楽しみになってくるというK先生の顔は、うれしそうでもあり、どこかふっきれていて淡々としているようでもありました。

その後も、子どもたちといろいろな出来事を通してそのつど考え、わかりあえたり、そう簡単でなかったりしながらも、K先生の「子どもから学ぶ」という気持ちの中心にある芯のようなものは変わっていないように見えます。

五歳児まで持ち上がって卒園を迎えた三月三十一日、学校に行くのが不安で卒園するのをいやだと泣いた子に、K先生は、今まで、友だちと一緒になんでもやってきたし、やってくることができたのだから、そのまま、学校に行ってもきっとまた友だちができて一緒にやっていけるよ。だから、今の○○くんのままで学校にいけば大丈夫だよ、と励ましたそうです。○○くんは、「ああ、そうか」と思えたようでした。K先生は子どもと一緒に体験し、子どもと一緒にたくさん感じて、一緒に学んでいるのだ。そしてそれは、子どもにも伝わっているのだと感じさせてくれるエピソードです。

子どもから学ぶとは？

子どもは、おとなとの関わりだけでなく、子ども同士でも、毎日さまざまな場面で、たくさんのことをしたり、たくさんの出来事に出会ったりしながら、一人ひとりが、その時その瞬間を、率直に心を揺らし、新しいことを学び、自然に行動に表しています。ここに書かれた子どもたちの姿は、そうしたたくさんある子どもの日常のなかで、私たちがたまたま気がつくことができたほんの一部だと思うのです。

「子どもから学ぶ」とは、子どものそうした姿を通して、一人ひとりの思いをわかっていこうとする際限のない営みであり、おとなが、ある時点で、この子のことをわかってぃなかったなと自分を反省することで終わりになるものではありません。簡単に反省することも吹き飛ばすような、圧倒的な存在として見せてくれた子どもの姿に素直に驚き、もっとわかろうと子どもと関わり続けていくことが、子どもとわかりあっていくことであり、より深い人間理解への道なのかもしれません。それは、子どもから見たら、自分をわかってくれようとしてくれる、安心して身も心も委ねられるおとながいるということになるのでしょうか。

そしてそれは、見出すのに苦労のいることかもしれませんが、なかなか味わえない大きな喜びを伴う道でもあるような気がします。

おわりに

私たち保育実践研究会の事務局メンバーは、毎回、具体的なテーマを通して、みなさんが語ってくれるたくさんの子どもの姿と実践、そしてその悩みに出会いながら、いつもそこから刺激をいただいて保育とはなんなのかを考え続けてきました。

私たちは、どうすればよいのか、その場面の解決のしかた、やり方の答えを書きたかったのではありません。その答えがほしいのだと思う方もいるかもしれませんが、その場面のそこにいる子どものことは、そこにそのとき関わっている人にしかわかりません。だから、それを知らないで、一般論として「正解」を言っても、それこそ役に立たないのではないかと思うのです。答えは、その時のその場の当事者である本人にしか出せないといってもよいのかもしれません。

だからこそ、その場面の子どものことをできるだけ詳しく教えてもらい、似たような自分の経験のなかでの子どもたちのことを思い起こしながら、いろんな視点からその子はそのとき何を思っていたのだろう、どうしてそのような行動をしたのだろう、とみんなで考えあうことで、実践者本人と一緒に新しい視点に気づいて、その子のことがより深く理解できるようになることを大切にしたいと考えています。そしてそれは、提起した当事者だけでなく、一緒に考えあった人たちも、それぞれの保育のなかの子どもをよりわかっていくことにつながり、参加者がそれぞれ、明日、あの子に会ったらこんなふうに関わってみようかなと思えるようになることだと思っています。

私たちは、保育現場で日々起こることのなかから自由にどんなことでも取り出して、どのようにでも考えられる機会をいただいて、なんだかうれしくて、はりきっていた始まりだったように思います。保育現場で悩んでいること、考えたいことは山ほどあり、研究会で話しあい、それを六人で振り返り、話を深めていくのは、いまさらながら仲間と保育を学んでいるという実感をもてる貴重な時間でした。

連載をまとめている今、「不適切保育」の問題が社会問題として大きく騒がれ、保育現場の悩みはさらに厳しいものになりました。ただでさえ処遇の改善や人員配置基準を大きく変えなければ続けていかれないような状況に追い打ちをかけるようなことになり、胸が痛みます。

それらを個人の資質の問題として点検や研修でなんとかしようとするのではなく、本当は社会のどういう構造のなかで生み出されてきている問題なのか、どこを大事にして、何を手放さないことが保育を守ることになるのか、私たちはまさに「どうする？　どう考える？」をつきつけられているように思います。

子どもと直接、日々関わっている保育園の先生たちが、子どもをいとおしく感じながら、保育のつくり手としてのびのびと子どもたちとの日々を大切に過ごしていけるように、私たちのこの小さな（でも、しつこい）問いかけを、先生たちや保護者の方たちが保育を語りあい、考えあう材料に使っていただけたら幸いです。そしてそれは、子どもたちも、保育園の先生たちも、保護者の方たちも大切にする道につながっていくと私たちは確信しています。


清水個人から言えば、ここまで続けてこられたのは、保育実践研究会を立ち上げ、見放さずに一緒にやってきてくださったたくさんの研究会参加者のみなさんのおかげです。いつもオンライン会議のホストをしてくださっている現役保育士の仲葉子さん、たくさんの方を研究会にさそってくださる山下淳史さんほか、「さんこうほれん」（旧三多摩公立保育所連絡会）の会員の方たちや、お知らせを見て参加してくださる方など、いつも現場の話をたくさん聞かせてくださる方たちには感謝しかありません。ありがとうございます。

そして、話し合いのていねいな記録を毎回超スピードで起こして、二十数枚に及ぶ記録にして送ってくれている（最低でもひと月に二回）上野和江さんや、体調がすぐれなくても遠くにでかけていても、必ずそれらを読んで六人の話し合いにオンラインで参加して、ご自分の保育の体験から貴重な意見をくださる星野稚子さん、竹田けい子さん、小松崎春代さん、そして、そもそもこの研究会の立ち上げを提案して司会をし、いつもするどい考察で考える視点を深めてくださる嶋さな江さんたちの支えは、私に新しい学びとそれへの意欲を与えてくださいました。

原稿は一人で書くものとずっと思ってきた私にとって、自分のそのとき思いついたことがあちこちに散らかっていかないで、私の書きたいことをみんなで深めてきたことと重ね合わせて、いつもそこに戻りながら書くという経験は新鮮なものでした。一緒に書いているような、でも、みんなが言いたいと思ったことが本当に言えているかという不安もあって、行きつ戻りつしながら苦しんで書くことは、同時にこれ以上ない幸せなことでもありました。事務局の五人の方たちには、感謝と信頼をここでお伝えしたいと思います。

最後に、ちいさいなかま社と編集部のみなさんに感謝申し上げます。おかげさまでなんとかたどり着くことができました。ありがとうございました。

二〇二四年五月五日　若葉あふれる子どもの日に

清水　玲子

本書は、『ちいさいなかま』（全国保育団体連絡会・編集、2018年4月号〜2023年3月号）に掲載された連載「保育、こんなときどうする？　どう考える」より、第1章〜第3章のテーマごとに編集し、加筆、修正を加え、再構成したものです。

保育実践研究会
事務局の６人（50音順）

＊上野和江
＊小松崎春代
＊嶋さな江
＊清水玲子
＊竹田けい子
＊星野稚子

清水玲子（しみず　れいこ）

1947年、埼玉県生まれ。元埼玉県立大学、東洋大学、帝京大学教授。

保育実践研究会代表、さんこうほれん会員。

子ども２人は産休明けから共同保育所を出発点に公立保育所、共同学童保育所に通い、子も親も育ててもらう。保育現場の悩みや願いの中に保育研究の課題があると考えている。

著書に、『徹底して子どもの側に立つ保育』『育ちあう風景』（共に、ひとなる書房）、『うしろすがたが教えてくれた』『育つ風景』『ある晴れた日の園庭で』（共に、かもがわ出版）、『保育園の園内研修』（筒井書房）。共著に、『いい保育をつくるおとな同士の関係』（ちいさいなかま社）など。

ブックデザイン：稲垣結子（ヒロ工房）

保育、こんなときどうする？

初版第１刷発行　2024年７月17日

発行：ちいさいなかま社
〒162-0837
東京都新宿区納戸町26-3　保育プラザ
TEL 03-6265-3172
FAX 03-6265-3230
https://www.hoiku-zenhoren.org/

発売：ひとなる書房
〒113-0033　東京都文京区本郷2-17-13-101
TEL 03-3811-1372
FAX 03-3811-1383
E-mail hitonaru@alles.or.jp

印刷：東銀座印刷出版株式会社

ISBN978-4-89464-303-1 C3037